다시 성경을 찾아줘

믿음 첫 단추

2

# 다시
# 성경을
# 찾아줘

정석원 지음

홍성사

## 일러두기

우리말성경을 기본으로 인용했고, 다른 번역본은 표기하여 밝혀 두었다.

# 다시
# 성경을 찾아 주세요

## 파랑새를 찾아 줘

저는 두 아이의 아빠입니다. 저녁에 아이를 재우기 위해
서는 필수 코스가 있는데요. 동화책을 읽어 주는 일입니다.
"어느 숲속 마을에 한 사람이 살고 있었는데……"라고 입을
떼기 시작하면 침을 꼴깍 삼키며 집중해서 듣기 시작합니다.
이야기가 끝나야 잠자리에 드는 것이죠.

그중에서 아이가 가장 좋아하는 이야기는 《파랑새》(모
리스 마테를링크)라는 동화입니다. 한 남매가 "파랑새를 찾아
줘"라는 할머니의 부탁을 받게 되면서 시작하는 이야기죠. 이
말을 들은 아이들은 탐험을 시작합니다. '파랑새를 꼭 찾고 말
거야!'라는 의지와 함께요.

과연 두 사람은 파랑새를 찾았을까요? 안타깝게도 실패하고 맙니다. 추억의 나라, 밤의 궁전, 숲속, 미래의 나라 등을 다녔지만 결국 찾아내지 못하죠.

아쉬움을 뒤로하고 집으로 돌아왔는데 뜻밖의 사실을 발견합니다. 그토록 찾아 헤맸던 새가 바로 자신의 집에 있었다는 것을요. 그 순간에 아이들은 파랑새가 멀리 있지 않고 가까운 곳에 있었음을 깨닫게 됩니다.

### 너무 가까워서 잃어버리는 소중함

동화책을 덮으면서 다음과 같이 마무리하곤 합니다.

우리의 행복도 파랑새처럼 아주 가까운 데 있어.
그런데 너무 가까이에 있어서 소중함을 모르고
살아갈 때가 많아.

여러분에게 너무 가까이에 있어서 소중함을 잃어버린 것이 있다면 무엇인가요? 건강일 수도 있고, 친구나 가족일 수도 있겠네요. 이 세상에는 당연하게 존재하는 것이 없음을 생각할 때 가까이에 있는 것이 가장 소중한 것일지 모릅니다.

믿음의 여행을 하는 우리에게도 가깝고도 먼 것이 있습니다. 성경입니다. 주변만 둘러봐도 성경책은 너무나 흔해졌습니다. 과거에 어떤 사람들은 성경을 갖기 위해서 전 재산을 팔기도 하고 목숨을 걸기도 했다고 하는데요. 그에 비하면 오늘

날은 손쉽게 구할 수 있습니다. 집집마다 흔히 볼 수 있기도 하고요.

약 2000여 년 전, 사도요한이 비장한 마음으로 꾹꾹 눌러 썼을 "하나님이 세상을 이처럼 사랑하사 독생자를 주셨으니 이는 그를 믿는 자마다 멸망하지 않고 영생을 얻게 하려 하심이라"▸ 요한복음 3:16, 개역개정 말씀을 이제는 손바닥만 한 스마트폰을 열어서 볼 수 있습니다.

너무 쉽게 접할 수 있고 흔해져서일까요. 가끔은 성경의 소중함을 잃고 살아가는 느낌이 듭니다. (설문조사를 해보면) 갈수록 성경을 읽는 사람들이 줄어들고 있으니까요.

## 성경을 찾아 주세요

《기독교 세계관이 필요해》(믿음 첫 단추 ①)에서 "매일 할 것도 많은데 꼭 믿음까지 가져야 하나?"라는 질문을 다룬 적이 있습니다. 생각해 보면, 우리가 살아가는 현실도 성경과 멀어지게 하는 데 한몫을 하는 것 같습니다. 사람들을 보면 바쁘게 살아가고 있지 않나요? 해야 할 일도 많고, 하고 싶은 일들도 쌓여 있습니다. 정신없이 쫓고 쫓기는 트랙 위에서 살아가고 있습니다.

마치 어딘가에 있을 파랑새를 찾기 위해서 헤맸던 남매처럼 우리네 삶도 무언가(사람들의 인정받는 것, 안정적인 것, 행복, 재미 등)를 찾아 정신없이 바쁘게 살아가고 있는지도 모르겠습니다.

한번은 성경을 읽어 가는데 한 구절에서 시선이 멈췄습니다.

> 너희가 그리스도와 함께 다시 살리심을 받았으면
> 위의 것을 찾으라 ▸ 골로새서 3:1a, 개역개정

저에게는 이 성경 구절이 다음의 말로 다가왔습니다.

"성경을 찾아 줘"

## 다시 성경을 찾아 주세요

성경을 흔하다는 이유로, 삶이 바쁘다는 핑계로 멀리하는 것은 안타까운 일입니다. 성경 안에는 지혜와 지식의 모든 보화▸ 골로새서 2:3가 담겨 있기 때문입니다. 성경 없이 살아가는 것은 집을 두고 집을 찾아 나서는 것과 같습니다. 하나님을 경험하게 하고, 살아갈 에너지를 주는 성경 없이는 그 어디에서도 참된 행복을 누릴 수 없습니다.

앞서 소개한 《파랑새》의 남매는 파랑새를 찾아가는 여정 동안 온갖 고생을 합니다. 전쟁, 병균을 맞닥뜨리게 됩니다. 다 잡은 줄 알았던 파랑새는 색이 변하거나 죽어 버리고 맙니다. 어느 하나 쉬운 게 없었습니다. 그렇다고 해서 아이들의 여정이 마냥 실패라고 할 수 있을까요? 아닙니다. 그 과정이 있었기에 집 안에 있었던 파랑새의 소중함을 더 깊이 느낄 수 있었을 것이기 때문입니다.

주변 사람들에게 '성경에 대해서 (솔직히) 어떻게 생각하냐'는 질문을 하면 다음의 답변들을 제법 많이 듣습니다.

· 매일 할 것도 많은데 꼭 성경까지 읽어야 하나? 부담이다.
· 성경은 너무 어렵고 재미가 없다(게다가 두껍고 글자 크기는 깨알 같다).
· 예전에는 성경을 가까이 했었는데 지금은 멀게 느껴진다.

이 책을 읽고 있는 여러분은 어떨지 모르겠습니다. 혹시 성경을 가까이 하기에는 너무 멀리 왔다고 느껴지신다면 그것 역시 괜찮다고 말씀드리고 싶습니다. 성경을 찾아가는 여정 중에 한 요소가 될 수 있으니까요.

우리 다시(계속해서) 성경을 찾아가 보면 어떨까요? 물론 쉽지 않은 여정일 수도 있지만, 이 책으로 또 다른 동반자가 되어 드리고 싶습니다. 비록 완벽하진 않겠지만 성경을 더 가까이 느끼고 누리는 데 조금이라도 힘을 보태고 싶습니다.

성경을 함께 찾아가 주셔서 감사합니다. 늘 느끼지만 하나의 책은 많은 분들의 수고로 태어납니다. 이 책의 시리즈 기획과 과정에 함께해 주신 정애주 대표님, 박혜란 과장님, 디자이너 손상범 님께 감사합니다. 집필 중에 많은 희생을 감내해 주신 부모님, 아내 보람, 첫째 다온에게 감사의 마음을 전합니다.

마지막으로 이 책을 쓰는 동안 이 세상에 온 둘째 다율이에게
사랑의 마음을 전합니다.

2024년 8월
정 석 원

# 《 이 책의 활용법 》

이 책은 성경을 찾으면서 마주할 수 있는 상황,
어려움, 진정한 의미들을 다루게 됩니다. 성경의
《파랑새》 버전이 될 수도 있겠네요. 동화에서는
다이아몬드가 달린 모자가 유용한 아이템으로
등장하는데요. 이 책에서는 성경을 잘 찾기 위해
준비된 다섯 가지 도구가 있습니다.

**❶ 1분 성경 소개**

성경 속에 담겨 있는 정보를 짧게 소개해 드립니다.

**❷ 성경 단어 번역기**

생소할 수 있는 성경 단어를 조금 더 구체적으로 바꿔
드립니다.

**❸ 성경, 질문 있습니다!**

성경에 대해 실제로 받았던 질문들을 소개하고 답해
드립니다.

**❹ 서로 질문**

개인적으로, 또는 그룹으로 나눌 수 있는 질문을
제시해 드립니다.

**❺ 예수님과 성경 & 지금 우리, 그리고 메시지**

3부(구약성경), 4부(신약성경)의 각 장에서는
예수님과 성경이 어떻게 연결되어 있는지, 그것이
오늘을 살아가는 우리와 어떤 관련이 있는지를 알려
드립니다.

1부

성경이
우리를
찾아왔다

# 1분 성경 소개

## 📖 성경 인터뷰

**이름 ¦ 무슨 뜻인가요?**
The Holy Bible. 하나님 말씀으로 이루어진 66권의 책들입니다.

**저자 ¦ 누가 썼나요?**
하나님께서 약 40여 명의 사람들을 통해 지으셨습니다.

**시간 ¦ 언제 쓴 건가요?**
약 1500년 동안 기록되었습니다(구약은 1400년, 신약은 90년에 걸쳐).

**장소 ¦ 어디서 썼나요?**
고대 이스라엘 지역을 중심으로 쓰였습니다.

**독자 ¦ 누구를 대상으로 쓴 건가요?**
**일차적으로는** 이스라엘, 유대민족, 비유대인들을 향해,
**이차적으로는** 우리를 위해 지으셨습니다.

**구성 ¦ 어떻게 구성되어 있나요?**
역사 스토리, 시, 산문, 자서전, 편지 등으로 되어 있습니다.

**언어 ¦ 어떤 언어로 쓰였나요?**
히브리어(75%), 그리스어(24%), 아람어(1%)로 되어 있습니다.

**목적 ¦ 왜 지으셨나요?**
예수 그리스도를 믿어 영원한 생명을 얻게 하기 위해서입니다
(요한복음 20:31).

# 성경 단어 번역기

**❶ 구원받다** ⇄ 산산이 부서진 하나님과의 관계가 회복되다. 더불어 이 세상 모든 피조물도 회복되다.

**❷ 긍휼을 얻다** ⇄ 하나님이 우리의 아픔을 자신의 아픔처럼 끌어안고 아파하신다.

**❸ 거룩하다** ⇄ 하나님이 좋아하시는 것을 따라 하고 싫어하시는 것을 버리기 위해 애쓴다.

**❹ 은혜를 받았다** ⇄ 자격이 없는데 감당할 수 없는 큰 선물을 받았다.

**❺ 나는 믿는다** ⇄ 나는 살아 계신 하나님께 모든 것을 맡기고 끝까지 버틸 것이다.

·기원전(B.C.): Before Christ의 약자로 '예수님 오시기 전'
·기원후(A.D.): Anno Domini의 약자로 '예수님 오신 이후'

**❶**

왜 성경을 찾아야 할까요?

# 이유

성경은 능히 너로 하여금 그리스도 예수 안에 있는

믿음으로 말미암아 구원에 이르는 지혜가 있게

하느니라 ▶ 디모데후서 3:15b, 개역개정

## 주목! 한 문장

**JUST DO IT** (그냥 해)

**i'm lovin' it** (나는 그것을 좋아해)

Think different (다른 것을 생각하라)

주변에서 이 문장들을 보신 적 있나요? 각각 나이키, 맥도날드, 애플의 슬로건입니다. 이 문장들은 각 브랜드의 가치를 잘 담고 있습니다. 실례로 나이키의 **'JUST DO IT'**은 열정과 도전 정신을 보여 준다고 할 수 있겠죠.

하나님이 말씀하셨다.

성경의 첫 페이지를 펼치면 연속적으로 나오는 문장입니다. 무려 열 번이나 등장하죠. 이 문장은 성경의 슬로건이라고 할 만큼 중요합니다. 우리의 믿음에 대해 중요한 의미를 알려 주기 때문입니다. 바로 믿음은 하나님 말씀에서 시작한다는 것입니다.

# 애매한 구원의 확신

구원을 받았다고 확신하세요?

가끔씩 사람들과 나누는 질문입니다. 분명하게 '예', '아니요'로 답하기 어려운 물음입니다. 어느 쪽을 선택하든 문제가 있다고 느껴지게 합니다. 확신에 차서 '구원받았습니다!' 말하기에는 교만해 보일 수 있고, '구원받지 않았습니다'라고 말하기에는 어딘가 하자가 있어 보이기 때문입니다. 그래서 적지 않은 분들이 슬기롭게 애매한 답변을 합니다. '아마도요?',

'그렇지 않을까요?', '하나님만이 아시겠죠!'

이 문제를 푸는 열쇠는 우리의 믿음(구원의 확신)이 어디에서 시작하는가에 있습니다. 만약 그 시작이 자기 자신에게 있으면 답변이 모호해질 수밖에 없습니다. 신앙생활을 열심히 하면 구원을 받은 것 같다가도 게을리하게 되면 자신이 없어집니다. 기분이 좋을 때는 구원을 받은 것 같다가도 우울할 때는 확신이 서지 않습니다. 왜 그런 것일까요? 믿음의 시작을 자신에게 두고 있기 때문입니다. 마치 날씨에 따라 풍경이 달라지듯이 행함과 감정에 따라 믿음은 끝없이 널뛰기를 합니다.

## 말씀에서 믿음이 시작된다

진정한 믿음은 하나님 말씀에서 시작됩니다. 믿음의 조상이라는 닉네임을 가진 아브라함을 볼까요? 어떤 분야든 조상(또는 아버지)으로 불린다는 것은 그만한 자격을 갖췄다는 의미이죠. 후대 사람들이 우러러볼 만한 업적은 필수입니다. 디즈니의 아버지, 컴퓨터의 아버지, 스마트폰의 아버지 등에서 느껴지는 것처럼 말이죠. 믿음의 조상이라니 얼마나 엄청난 믿음을 가진 걸까요? 성경은 그 믿음의 시작을 다음과 같이 말씀합니다.

여호와께서 아브람에게 말씀하셨습니다. ▶ 창세기 12:1

아브라함에게 있어서 믿음의 시작은 바로 하나님 말씀이었습니다. 하나님 말씀으로 아브라함이 아브라함 될 수 있었던 겁니다. 믿음의 후손인 우리도 마찬가지입니다. 하나님 말씀 없이는 믿음도 없습니다. 진정한 믿음은 하나님 말씀에서 시작하기 때문입니다.

## 왜 성경을 찾아야 할까?

그렇다면 우리는 '구원을 받았다고 확신하세요?'라는 질문에 어떻게 대답할 수 있을까요?

① 아니요, 저는 교회를 열심히 다니지 않거든요.
② 네, 저는 나쁜 짓은 하지 않거든요.
③ 아니요, 저는 성격이 불같거든요.
④ 네, 믿는 자는 구원받는다는 말씀이 참이니 저의 구원도 참입니다.

정답은 ④번입니다. 성경에서 다음과 같이 말씀하고 있습니다.

성경은 능히 너로 하여금 그리스도 예수 안에 있는
믿음으로 말미암아 구원에 이르는 지혜가 있게
하느니라 ▶ 디모데후서 3:15, 개역개정

성경을 계속해서 찾아야 할 이유가 여기에 있습니다. 시냇가에 심은 나무가 신선한 물에서 영양분을 공급받듯이, 믿음은 성경 안에서만 생겨나고 자라고 열매 맺기 때문입니다. 반대로 말씀을 떠나면 우리의 믿음도 흔들리고 말라 갑니다. 영적인 눈이 흐려지게 되죠.

## 지금 우리, 그리고 메시지

아브라함에게 임했던 "하나님이 말씀하셨다"는 말씀은 성경 전체에서 반복됩니다. 평온한 일상을 사는 사람들에게도 임하지만 고난을 겪는 사람(욥, 다윗)들에게도, 모든 게 끝장났다고 느껴지는 상황(홍해 앞, 바벨론 포로기)에서도 하나님 말씀이 임합니다. "하나님이 말씀하여 이르시되" 그 말씀이 절망과 어둠의 상황에 대반전을 가져옵니다.

하나님은 지금도 말씀으로 우리를 찾아오십니다. 습관처럼 반복되는 일상 속에도 찾아오시지만 불안하고 막막하고 힘겨운 상황에도 임하십니다. "하나님이 말씀하여 이르시되" 이 말씀이 우리에게 현실을 마주할 수 있는 용기를 줍니다. 성경을 찾는 자에게 '이제 끝장났다'는 말은 어울리지 않습니다. 하나님 말씀은 어떤 상황에서도 대반전을 주시기 때문입니다.

이런 상황을 가정해 볼까요?

어떤 사람이 길을 걷는 중에 바닥에 놓인 돌을 무심히 찼습니다. 제대로 힘이 들어갔던지 돌은 포물선을 그리며 시원하게 날아갔는데요. 하필이면 맞은편에서 오는 차에 정통으로 떨어집니다. 그 차는 슈퍼카입니다. 눈을 비비고 다시 봐도 슈퍼카입니다. 세계에 몇 대 없는 한정판이고요. 게다가 운전자는 급브레이크를 밟는 바람에 허리가 삐끗했습니다. 수리비와 치료비는 집을 팔아도 해결할 수 없습니다.

실의에 빠져 있던 어느 날 차 주인에게서 메시지가 왔습니다. '제가 다 해결했습니다. 걱정 마세요.' 스스로 모든 비용을 치러 준 것이죠. 이 사람의 문제는 이제 끝났습니다. 비용 때문에 걱정하거나 절망에 빠질 필요가 없죠. 차 주인이 이미 다 해결했으니까요.

> 여러분은 하나님의 은혜 안에서 믿음으로 구원을 받았습니다. 여러분 스스로는 자신을 구원할 수 없습니다. 구원은 하나님의 선물입니다.
>
> ▶ 에베소서 2:8, 쉬운성경

이처럼 하나님은 구원을 주셨습니다. 선물로 주셨죠. 내가 뜨겁게 확신하는가, 애매하게 확신하는가와는 상관없이 이미 십자가의 죽음으로 다 해결하셨습니다. 우리의 할 일은 선물을 받듯이 믿음으로 받아들이는 것입니다. 그 구원의 선물을 받았기에 감사하는 마음과 자세로 살아가는 것이죠. Give(나의 행위) and Take(구원)가 아니라, Take(구원)를 받았기에 Give(행위, 감사, 예배) 하는 것입니다.

# 성경, 질문 있습니다!

**01** '성경' 하면 어떤 이미지가 가장 먼저 떠오르나요? 그 이유도 말해 봅시다.


**02** 성경은 하나님을 통해 이 모든 세상이 시작되었다고 말씀합니다. 우리가 잘못된 길에 들어섰다고 생각되면 다시 처음으로 돌아가야 합니다. 지금 믿음의 여행 중에 우리가 하나님께로 돌이켜야 할 것이 있다면 무엇인가요?

> 모든 것이 그분을 통해 지음받았으며 그분 없이 된 것은 아무것도 없었습니다. — 요한복음 1:3


**03** 우리의 삶이 하나님 말씀으로부터 시작하지 않고, 나의 욕심과 변덕스러운 감정에서 시작한다면 어떤 일들이 일어날까요?

## 서로 질문

**②**

# 의심

성경을 믿을 수 있을까?

모든 성경은 하나님의 감동으로 된 것으로 교훈과

책망과 바르게 함과 의로 교육하기에 유익하니

▶ 디모데후서 3:16, 개역개정

## 상식 퀴즈! 이 책의 이름은 무엇일까요?

· 저자: 김부식

· 장르: 역사책

· 내용: 고구려, 백제, 신라의 이야기를 다룸

· 특징: 아주 오래됨

정답은《삼국사기》입니다. 이 책은 우리의 역사를 기록한 책 중에 가장 오래되었다고 하죠. 기원후 1145년도에 썼다고 합니다. 약 900년 가까이나 된 셈입니다.

성경은 얼마나 오래되었을까요? 가장 최근에 완성된 책 (요한계시록)은 기원후 약 90년도로 추정합니다. 그러니까 지금까지 약 2000년 가까이 되는 셈이죠. 삼국사기보다 두 배 정도 오래되었습니다. 사람들은 이렇게 말할지 모릅니다.

우리 역사책보다 훨씬 오래된 성경을 과연 믿을 수 있을까?

# 성경이 참인 이유

책이 오래될수록 전해져 오는 동안 내용이 왜곡될 수 있고, 지금의 우리와 상관이 없다고 생각할 수 있습니다. 그러나 성경은 참이고 믿을 만한 책입니다. 그 이유는 세 가지입니다.

### ① 고고학이 증명하고 있다

성경에 기록된 내용들이 거짓이라고 주장하는 이들이 있습니다. 역사적인 사실이 아닌 상상 속의 신화에 불과하다는 것인데요. 그런데 실제로 존재했다고 증명해 주는 사람들이 있습니다. 바로 고고학자들입니다.

이들이 성경에 대해 발견해 낸 자료들은 너무나 많아서 이 지면에 모두 담을 수 없을 정도입니다. 성경에 담긴 지명들

(헷 족속, 베데스다), 인물들(다윗, 여호수아), 사건들(소돔과 고모라 멸망, 솔로몬의 전차부대)이 허구가 아니라 진실임을 밝혔습니다. 고고학자들 중에는 성경이 틀렸다는 것을 증명하기 위해 탐구하다가 도리어 성경이 참이라는 사실을 깨닫는 일이 생기기도 합니다.

### ② 메시지에 통일성이 있다

우리는 가끔 이렇게 말합니다. "그 사람 말이 맞아." 이 말에 상대방은 이렇게 말할 겁니다. "증인 있어?" 사람의 말에 힘이 실리기 위해서는 증인이 필요합니다. 증인이 많으면 많을수록, 그 증언들이 일관될수록 참에 가까워집니다. 반대로 증인이 없거나 각자 다른 말을 한다면 그 말은 거짓에 가깝다고 할 수 있겠죠.

성경은 1500년(기원전 1400년~기원후 90년)이라는 긴 시간에 걸쳐서 기록되었습니다. 단기간에 쓴 책보다 훨씬 일관성이 떨어질 수 있겠죠. 진실이 아닐 변수는 더 많이 있습니다.

| 저자 | 세대 | 장소 | 언어 |
|------|------|------|------|
| 40여 명의 사람들이 기록했다 | 40세대를 걸쳐서 썼다 | 기록된 곳이 다양하다 | 3가지 언어가 사용되었다 |

두세 사람이 모여도 의견 조율이 안 되거나 생각이 안 맞을 때가 있습니다. 어느 식당을 갈지 선정하는 것도 힘들 때가 있죠. 만일 이 사람들이 서로 나이와 개성, 태어난 나라와 쓰는 언어까지 다르다면 의견 조율은 더 힘들 것입니다.

40여 명의 저자들(직업은 학자, 농부, 의사, 어부 등 다양합니다)이 40세대(보통 1세대를 35년으로 잡죠)에 걸쳐 다양한 지역들(아시아, 아프리카, 유럽 등)에서 다른 언어(히브리어, 그리스어, 아람어)로 글을 썼다면 의견이 일치될 수 있을까요? 불가능에 가까울 겁니다. 하지만 성경은 놀라울 만큼 일치된 메시지를 담고 있습니다. 저자들은 성경을 쓰는 동안 서로 만나서 회의를 하거나 SNS 메시지를 주고받은 적도 없습니다. 서로 다른 세대를 살았으니까요. 그럼에도 성경 66권의 메시지가 서로 모순되지 않습니다. 왜 그럴까요? 성경은 한 분 하나님이 저자들을 통해 만드신 것이기 때문입니다.

스마트폰을 만드는 과정을 생각해 볼까요? 다양한 엔지니어들이 세계 여러 나라에서 구해 온 부품으로 오랜 시간 동안 작업해서 기계를 만듭니다. 여러 기술들과 부품들이 하나의 첨단 시스템을 작동시킵니다. 이것은 모든 것을 총괄하는 디자이너가 있음을 말해 줍니다. 성경은 이와는 비교도 되지 않을 만큼 복잡한 변수들이 많았지만 통일성을 지니고 있습니다. 왜 그럴까요? 하나님이 설계자이시기 때문입니다.

### ③ 업데이트가 필요 없다

정보를 지니고 있는 것은 업데이트가 필요합니다. 내비게이션은 달라지는 도로나 교통상황에 따라 매번 정보를 첨가해야 하죠. 성경은 업데이트가 필요 없습니다. 그 자체로 완전하기 때문입니다. 어떤 말이든 그것을 말하는 사람에 따라 무게가 달라집니다. 어린아이가 하는 말과 위인전에 나올 만한 사람이 하는 말은 무게가 다릅니다. 성경은 위인 정도가 아니라 하나님의 인격이 담겨 있습니다.

> 모든 성경은 하나님의 감동으로 된 것으로 교훈과
> 책망과 바르게 함과 의로 교육하기에 유익하니
> ▶ 디모데후서 3:16, 개역개정

성경이 '하나님의 감동'으로 되었다는 것은 '하나님의 숨결'이 담겨 있다는 뜻입니다. 성경은 참입니다. 하나님이 참이시기 때문이죠. 하나님이 참이시기에 성경도 참입니다. 이것은 언뜻 보면 순환논리 같지만 하나님은 어떤 분이신가에 달려 있습니다. 말씀하시는 분이 하나님이시기에 아무 오류가 없는 참입니다.

40여 명의 사람들은 어떻게 성경을 기록했을까요? 아래의 방법이었을
까요?

### 녹음기, 받아쓰기

성경은 하나님이 직접 쓰신 것이 아닙니다. 마치 부모님이 아이의
손을 잡고 글씨 연습을 하듯이 40여 명의 저자들의 손을 잡고 기계적으
로 쓰신 게 아닙니다. 로봇처럼 사용하신 게 아니죠. 물론 내용 중에는
"나의 말을 받아 적으라"라고 말씀하시는 부분(예레미야서, 요한계시록)
이 있지만 일부분입니다. 대부분은 사람들을 통해 쓰셨습니다.

음악 연주를 생각해 봅시다. 하나의 악보를 가지고 많은 사람들이
연주합니다. 어떤 사람은 기타로, 어떤 사람은 피아노로, 또 피리나 바이
올린으로 표현합니다. 각자의 개성과 방식은 다르지만 그 연주에는 악보
를 만든 작곡가의 정신이 흐르고 있습니다.

이처럼 성경을 쓴 40여 명의 사람들은 모두 각자 기질, 글 쓰는 스
타일, 인격이 달랐습니다. 어떤 사람은 시를 쓰고, 또 다른 사람은 이야기
로, 자서전으로, 편지로 표현했죠. 하나님은 이 모든 과정에 개입하셔서
그분이 원하시는 말씀을 정확하게 쓰도록 하셨습니다. 이것이 바로 모든
성경이 '하나님의 감동'(숨결)으로 써졌다는 의미입니다.

성경은 하나님께서 40여 명의 사람들과 함께하셔서 만들어졌습
니다.

## 성경, 질문 있습니다!

**01** 최근에 들은 말 중에 나를 감동시켰던 한 마디가 있다면 무엇인가요?

**02** 성경은 사람의 말이 아니라 하나님께서 사람을 통해 하신 말씀입니다. 오늘날에도 동일하게 성경을 통해 말씀하십니다. 우리는 어떤 자세로 성경을 대해야 할까요?

> (성경의 예언은) 사람의 뜻대로 말하고 싶은 것을 적어 놓은 것도 아닙니다. 그들은 성령의 감동을 받아 하나님의 말씀을 적어 놓았습니다.  — 베드로후서 1:21, 쉬운성경

**03** 성경에는 하나님의 숨결이 담겨 있습니다. 내가 성경을 찾을 때 가장 기대하는 변화는 무엇인가요?

# 서로 질문

# 3

## 내비게이션

성경이 우리를 찾아왔다

---

하나님의 말씀은 살아 있고 힘이 있습니다.

▶ 히브리서 4:12a, 쉬운성경

## 성경은 우리에게 어떻게 전해졌는가?

돌 ▶ 점토판 ▶ 파피루스 ▶ 종이 ▶ 디지털 파일

하나님 말씀이 과거에서 지금까지 전해 오는 과정을 보여 줍니다. 아득히 먼 옛날에는 돌에 새겼던 말씀이 현재는 PC나 스마트폰에 담겨서 전달되고 있죠. 수천 년이 지나는 동안 하나님 말씀이 전해지는 방식은 매번 달라졌지만, 그 안에 담긴 내용은 변하지 않았습니다. 마치 예부터 지금까지 사람들이 입었던 옷의 스타일은 달라졌지만, 몸은 달라지지 않았던 것처럼 말입니다. 앞으로도 이 사실은 변함이 없을 것입니다.

| 성경 | ▶ | 그리스어 | ▶ | 라틴어 | ▶ | 영어 | ▶ | 한글 |
|------|---|----------|---|--------|---|------|---|------|
| 원문 | | 70인역 | | 제롬 | | 윌리엄 틴들 | | 존 로스 |

(조금 어려워도 잘 따라와 주세요. 외우지 않아도 됩니다.) 종이로 된 성경이 다양한 언어로 번역되는 과정(실제는 더 복잡합니다)을 보여 줍니다. 히브리어로 기록된 구약성경을 72명의 사람들(70인역)이 모여 그리스어로 번역했습니다. 당시에 그리스어는 국제 공통어로 통했거든요. 더 많은 사람들이 읽게 하기 위해서였겠죠.

시간이 흘러 초대교회 교부이자 성서학자였던 제롬('히에로니무스'의 영어 이름)이라는 분이 그리스어로 된 성경을 라틴어로 번역했습니다. 그 성경의 이름을 '불가타 성경'이라고 하는데요. '불가타'는 '대중적인'이라는 뜻의 라틴어입니다. 그러니까 당시 많은 사람들이 쉽게 읽도록 번역한 성경입니다.

또 시간이 흘러 윌리엄 틴들이라는 분이 최초로 영어 인쇄 번역판을 내놓았습니다. 역시 그때 사람들이 성경을 쉽게 접할 수 있도록 번역했습니다.

## 성경은 그저 우리에게 온 것이 아니다

성경은 시간이 갈수록 많은 사람들에게 퍼져 나갔습니다. 학자들만 읽을 수 있는 성경에서 일반 시민들도 읽을 수 있는 성경으로, 소수의 권력자들만 소유하는 책에서 대중들이 누리는 책으로 넓게 뻗어 나갔습니다. 그 과정이 순탄하지만은 않았습니다. 성경 번역을 반대하는 소수의 권력자들 때문이었는데요. 일반 시민들이 성경을 읽으면서 힘을 얻는 것을 원치 않았거든요. 대중들이 쉽게 읽을 수 있는 언어로 번역하는 것을 극도로 싫어했습니다.

그래서일까요. 틴들이 번역한 성경은 발견되는 대로 압수되어 불태워졌습니다. 틴들 또한 체포되어 화형을 당하고 말았습니다. 그를 따르는 사람들도 함께 말이죠. 유명한 종교개혁자 마틴 루터도 성경을 독일어로 번역하는 동안 권력자들을 피해 숨어서 지내야만 했습니다. 이처럼 성경은 그저 당연하게 주어진 것이 아닙니다. 우리에게 오기까지 무수히 많은 방해가 있었습니다.

## 성경은 살아 있다

성경이 전파되는 것을 막으려는 공격은 실패했습니다. 성경은 잊힌 책이 되기는커녕 전 세계에서 가장 많이 찾는 베스트셀러입니다. 그 이유를 다음과 같이 말씀합니다.

> 하나님의 말씀은 살아 있고 힘이 있습니다.
>
> ▶ 히브리서 4:12a, 쉬운성경

'끝까지 살아남는 자가 강하다'는 말이 있는 것처럼, 성경은 역사 속에서 수많은 강대국들과 왕들이 사라지는 동안 살아남았습니다. 그리고 많은 나라들과 사람들을 살아나게 만들었습니다. 하나님 말씀은 살아 있고 힘이 있기 때문입니다. 대표적인 예가 우리나라입니다.

# 성경이 조선에 오기까지

조선의 성경 역사는 특이합니다. 보통 선교지는 선교사님들이 먼저 방문하는 것이 순서입니다. 그러나 조선은 선교사님보다 성경이 앞서 들어왔습니다. 중국과 일본에서 성경이 먼저 들어왔고, 선교사님들이 방문했을 때는 이미 믿는 사람들이 있었죠.

존 로스 선교사님은 중국에서 한문으로 된 성경을 한글로 번역했습니다. 이 성경이 조선에 들어오게 되었습니다. 당시의 양반들은 한문을 추앙하고 한글은 천하다고 여겼습니다. 약 500년 전에 세종대왕께서 한글을 만들었지만, 양반들은 여전히 어려운 한문을 고집하며 자신들의 특권을 유지하려 한 것이죠. 그 상황에서 누구나 쉽게 배울 수 있는 한글로 된 성경이 만들어졌습니다. 덕분에 교회는 성경과 한글을 가르치고 전파하는 곳이 되었습니다.

존 로스 선교사님이 조선에 관심을 갖게 된 계기가 있었습니다. 바로 조선 최초의 개신교 순교자로 알려진 토마스 선교사님의 죽음 때문이었습니다. 그 내막은 이렇습니다. 토마스 선교사님은 제너럴 셔먼호라는 배를 타고 대동강을 거슬러 평양에 도착했습니다. 이 배는 조선병사들과의 갈등 끝에 침몰하게 되었는데요. 선교사님은 극적으로 헤엄쳐서 육지로 나왔지만 병사인 박춘권이라는 사람의 칼에 순교하게 됩니다. 인간적으로는 너무 허망한 죽음이었습니다. 그러나 이 사건으로 존 로스 선교사님이 조선에 관심을 두는 계기가 되었고, 한글 성경까지 나오게 한 것입니다.

## 성경은 힘이 있다

그뿐만 아닙니다. 토마스 선교사님이 순교하시기 직전까지 한문으로 된 성경을 사람들에게 전달하셨는데요. 당시 선교사님을 죽였던 박춘권이라는 사람은 훗날 성경을 믿고 교인이 되었죠. 그의 조카인 이영태라는 분도 성경을 믿고, 한글 성경을 번역하는 데 큰 공헌을 했습니다.

당시 토마스 선교사님이 건넸던 성경은 사람들의 손에서

손으로 전해졌는데요. 박영식이라는 사람에게도 오게 되었습니다. 그는 성경책을 한 장 한 장 뜯어 벽지로 사용했다고 합니다. 종이 질감이 좋아 보였기 때문이죠. 어느 날 벽면에 도배된 성경 말씀들을 읽다가 예수님을 만나게 되었습니다. 시간이 지나 성경으로 도배되었던 그 집은 평양 최초의 교회가 되었고, 평양 대부흥이 시작된 터전이 되었습니다. 이 모든 일은 우연이 아닙니다. 하나님의 말씀이 살아 있고 힘이 있기 때문에 가능한 일입니다.

**성경은 원본은 없고 사본만 있다고 들었어요.
그래서 왠지 믿음이 가지 않아요.**

성경만이 아니라 수천 년이 지난 고대 문서들의 대부분은 원본이 남아 있지 않습니다. 원본을 베껴 쓴 필사본(사본)만 남아 있죠. 역사가인 헤로도토스의 《역사》나 철학자인 플라톤, 아리스토텔레스의 책들이 대표적입니다.

성경의 특징은 위의 작품들에 비해서 압도적으로 사본의 수가 많다는 것입니다. 앞의 책들은 사본의 수가 손에 꼽을 정도로 적지만 신약 성경은 그리스어로 된 사본만 해도 5천 개 이상 남아 있을 만큼 풍부합니다. 성경 전체의 사본을 서로 대조해 보면 거의 정확하게 일치함을 알 수 있습니다. 3000년 전의 성경과 지금의 성경이 거의 차이가 없습니다. 성경은 사본만 남아 있지만 원본과 일치한다는 것을 단적으로 보여 주는 예입니다. 왜 그런 걸까요?

성경을 필사했던 분들의 자세가 남달랐기 때문입니다. 그들은 성경을 그 어떤 것보다 거룩하고 신성하게 여겼습니다. 성경을 필사할 때는 장인정신 이상으로 마음가짐과 태도를 가다듬고 수행했습니다. 필사를 마친 후에는 서로 바꿔서 꼼꼼하게 검증했습니다. 그래서 하나님 말씀이 오랜 세월이 지났음에도 불구하고 보존될 수 있었던 것입니다. 이것은 성경사본이 확실히 믿을 만하다는 것을 말해 줍니다. 참고로 혹시나 원본이 현재까지 남아 있었다면 사람들은 그것을 우상으로 숭배했을지도 모를 일입니다.

**성경, 질문 있습니다!**

**01**  지금까지 받은 선물 중에 가장 감동적인 것은 무엇인가요?

**02**  성경은 하나님 말씀이 영원하다고 말씀합니다. 세상의 모든 것이 낡고 부서지고 변해도 하나님의 약속은 변하지 않기 때문입니다. 이 말씀은 우리에게 어떤 위로를 가져다주나요?

> 풀은 시들고 꽃은 떨어지지만 우리 하나님의 말씀은 영원히 서 있다.  — 이사야 40:8

**03**  만약 선교사님들에 의해 우리나라에 성경이 전달되지 않았다면 어땠을까요?

# 서로 질문

# 목적

성경은 단순히 좋은 책이 아니다

오직 이것을 기록함은 너희로 예수께서 하나님의

아들 그리스도이심을 믿게 하려 함이요 또 너희로

믿고 그 이름을 힘입어 생명을 얻게 하려 함이니라

▶ 요한복음 20:31, 개역개정

## 예수님이 싫어진 이유

《나는 예수님이 싫다》라는 일본 영화가 있습니다. 제목만큼 내용도 평범하지 않은데요. 도시에서 시골로 전학을 간 어느 소년의 이야기입니다. 모든 것이 낯선 주인공의 일상 속에 작고 귀여운 예수님이 나타나십니다. 장난감 미니어처 같은 예수님에겐 아무런 대사가 없습니다. 유일하게 하는 일은 가끔 춤을 추거나 아이의 소원을 들어주는 일입니다. '친구가 생기게 해주세요', '돈이 생기게 해주세요'라고 기도하면 들어주시는 거죠. 하지만 결정적인 순간(스포일러를 조심하기 위해 여기까지만 언급)에 예수님이 나타나지 않자 그 소년은 말합니다.

나는 예수님이 싫다…….

이 대사 속에서 주인공이 예수님을 어떻게 생각하는지를 엿볼 수 있습니다. 예수님은 자신의 소원을 들어주셔야만 하는 분이었습니다. 마치 알라딘 램프의 지니 요정처럼 말이죠. 만일 원하는 대로 주시지 않으면 한순간에 예수님이 싫어지는 겁니다.

## 예수님이 좋은 이유

예수님에 대해서 학생들과 대화를 나누다 보면 비슷한 이야기를 접할 때가 있습니다. 실제로 들었던 말입니다. 당시 (욕만 빼고) 표현한 그대로 적었습니다.

A 남중생: 저는 예수님이 마음에 들어요. 십자가에 못 박히신 예수님을 보면 머릿결 컬이 살아 있어요. 배를 보면 식스

팩이 잘 잡혀 있고요. 예수님은 자기 관리의 끝판왕인 것
같아요.

B 여고생: 저는 예수님이 좋아요. 보통 원수를 만나면
복수를 해야 하는데 사랑하셨잖아요. 저라면 길을 걷다가
누군가에게 뺨을 맞으면 그 상대를 떡갈비(?)로 만들어
놓았을 거예요. 예수님은 반대편 뺨을 돌려 대라고
하셨어요. 실제로 그렇게 사셨고요. 예수님은 인류애
뿜뿜이에요.

영화 속에서 주인공이 "나는 예수님이 싫다"고 외친 말과
다른 것 같지만 어딘가 닮았습니다. 자신이 원하는 대로만 예
수님을 생각하고 있기 때문입니다. 심리학적인 용어로 투영이
라고 하죠. 상대를 있는 그대로 보기보다 자신의 바람대로 판
단하는 것을 말합니다.

## 예수님은 세계 4대 성인?

이런 투영은 우리 주변에서도 일어납니다. 아래의 표는 무엇
을 의미할까요?

| 예수 그리스도 | 석가모니 | 공자 | 소크라테스 |
|---|---|---|---|

사람들이 세계 4대 성인(聖人)이라고 부르는 분들입니다.

예수님을 인류의 위대한 스승 중의 한 분이라고 생각하죠. 인류애를 실천하신 모범적이고 훌륭한 분으로 투영하는 겁니다. 썩 나쁜 말은 아니지만 정확한 말은 아닙니다. 성경 어디에서도 예수님이 자신을 도덕적이고 훌륭한 분으로 보이기 위해 의도하신 흔적을 찾아볼 수 없기 때문입니다.

# 성경은 충격이다

예수님의 제자인 빌립은 예수님께 말합니다. "하나님을 우리 눈에 보여 주세요. 그러면 더 바랄 것이 없겠습니다" ▶ 요한복음 14:8. 주위에서 가끔 듣는 말과 비슷하지 않나요? '하나님을 눈에 직접 보여 줘요. 그럼 믿을게요!' 그때 예수님은 이렇게 답하셨습니다.

> 누구든지 나를 본 사람은 아버지(하나님)를
> 본 것이다. ▶ 요한복음 14:9b

이 말씀을 쉽게 표현하면, '내가 바로 하나님이다'입니다. 우리는 당연하게 받아들일 수도 있지만 당시 사회에서는 충격적인 말입니다. 유대인들은 하나님을 높고 거룩한 분이라 생각해서 감히 이름도 함부로 부르지 못했기 때문입니다.

우리가 석가모니와 공자, 소크라테스에게 "당신이 신이라고 생각하십니까?"라고 질문했다면 버럭 화를 내며 이렇게 답할지 모릅니다. "쉿! 말조심하세요. 저는 그런 말을 한 적이 단 한 번도 없습니다." 반면에 예수님은 자신이 하나님이심을 분명하고 정확하게 말씀하셨습니다. 마치 영화 《스타워즈》에서 주인공인 루크가 극 중 빌런이었던 다스 베이더로부터 "아임 유어 파더"(I'm your father)라는 말을 듣는 것과 비슷합니다. 절대 상상할 수 없었던 말입니다.

뿐만 아니라 예수님은 사람들에게 다음과 같이 말씀하셨습니다. '나는 길이요 진리요 생명이다', '나를 믿는 자는 심판을 받지 않는다', '네 죄를 사하노라'라고 말이죠.

## 신앙에 있어 중간 지대는 없다

C. S. 루이스는 《피고석의 하나님》에서 위와 같이 말할 수 있는 사람은 둘 중 하나라고 말합니다.

진짜 하나님이시거나        그냥 미치광이이거나

예수님에 관한 한 중간지대는 없음을 말해 줍니다. 하나님으로 믿거나 미치광이로 여기거나 둘 중 하나만 택할 수 있다는 겁니다. 많은 이들의 생각처럼 '예수님을 인류의 위대한 스승으로는 인정하지만 하나님으로는 섬길 수 없다'는 말은 불가능하다는 것이죠.

그럼 예수님이 그냥 미치광이일까요? 이것도 불가능합니다. 모든 성경이 예수님에 대해 예언하고 있고, 그대로 이뤄졌기 때문이죠. 예수님 자신도 예언하셨죠. 십자가의 죽음과 부활, 교회의 시작과 예루살렘의 멸망을요. 그대로 성취되었습니다. 이런 예수님이 미치광이라는 것은 불가능합니다. 남겨진 선택지는 오직 하나입니다. 예수님을 하나님으로 믿고 모셔 드리는 것입니다.

성경이 기록된 목적을 다음과 같이 말씀합니다.

오직 이것을 기록함은 너희로 예수께서 하나님의
아들 그리스도이심을 믿게 하려 함이요 또 너희로
믿고 그 이름을 힘입어 생명을 얻게 하려 함이니라

▶ 요한복음 20:31, 개역개정

성경은 단순히 좋은 책이 아닙니다. 인류의 스승이나 도덕적인 모델을 소개하는 책도 아닙니다. 살아 계신 하나님이시자 생명을 주시는 구원자, 예수님을 만나는 유일한 책입니다.

어떤 책이든 목적이 있습니다. 예를 들어 소설책은 이야기를 통해 재미와 감동을 전달합니다. 역사책은 지난 과거의 일을 해석해서 교훈을 주죠. 과학책은 실험과 관찰을 통해 얻어진 결과들을 알려 줍니다.

성경은 어떨까요? 그 목적은 분명합니다. '예수님을 믿어 영원한 생명을 얻게 하기 위해' 주신 책입니다. 성경은 과학책이 아닙니다. 더 정확하게 말해, 과학적인 실험과 관찰을 알려 주기 위해서 주신 책이 아닙니다. 우리의 구원을 위해 주신 책입니다.

"성경은 비과학적이다"라는 문장은 "과학은 비성경적이다"라는 말처럼 어색한 말입니다. 각자의 역할과 목적이 있는 것이죠. 서로 존중하고 배우는 자세로 접근해야 합니다.

그렇다고 성경은 과학적인 것과 관계가 없다는 말은 아닙니다. 마취제를 발명한 제임스 심프슨, 해양학의 아버지 매슈 폰테인 모리, 최초 전파 전송기를 발명한 사무엘 모스 등의 많은 과학자들이 성경의 영향을 받았습니다. 중요한 것은 어떤 관점으로 성경을 보는가에 있습니다. 믿음의 관점으로 보는가, 불신의 관점으로 보는가에 달려 있습니다.

# 성경, 질문 있습니다!

**01** 지금까지 들었던 말 중에 가장 충격적인 말은 무엇이었나요?

**02** 성경은 예수님이 우리의 유일한 구원자라고 말씀합니다. 예수님을 구원자로 믿고 섬기느냐, 미치광이로 여기느냐의 갈림길에서 나의 선택은 무엇입니까?

> 예수 외에 다른 어느 누구에게서도 구원을 받을 수 없습니다. 하나님께서는 하늘 아래 우리가 구원받을 만한 다른 이름을 우리에게 주신 일이 없기 때문입니다.
> — 사도행전 4:12

**03** 예수님을 나의 하나님으로 모셔 드린다면, 내 삶에서 가장 크게 변해야 할 점은 무엇인가요?

# 서로 질문

알아 두면
쓸데 있는
최소한의
성경 지식

# 1분 성경 소개

## ☞ 하나님의 이름(별명)들

성경에는 하나님의 이름이 분명히 나타나 있지 않습니다. 하나님이 하시는
일이나 특성에 단어를 붙여 부를 뿐입니다. 단순히 말하면 하나님의
별명이라고 할 수 있겠네요.

**여호와 하나님** ┆ 스스로 계시는 하나님
하나님은 원인이 없이 스스로 존재하시는 절대 유일하신 분이다.

**에벤에셀 하나님** ┆ 도우시는 하나님
하나님은 혼란스러운 현실 속에서 우리를 도우시는 분이다.

**임마누엘 하나님** ┆ 함께하시는 하나님
하나님은 언제 어디서나 우리와 함께하시는 분이다.

**여호와 이레** ┆ 준비하시는 하나님
하나님은 우리에게 꼭 필요한 것을 미리 준비하시는 분이다.

**여호와 샬롬** ┆ 평안을 주시는 하나님
하나님은 전쟁 같은 상황에서도 평안하게 하시는 분이다.

**여호와 닛시** ┆ 승리를 주시는 하나님
하나님은 승리의 깃발처럼 우리를 승리하게 하시는 분이다.

**여호와 라파** ┆ 치료하시는 하나님
하나님은 우리를 치료하시는 분이다.

# 성경 단어 번역기

❶ **죄를 범하다** ⇄ 하나님 말씀이 아닌 내 마음대로 결정하고 생각하고 행동한다.

❷ **회개하다** ⇄ 잘못된 방향으로 걸어가는 걸음을 돌려서 하나님이 기뻐하시는 방향으로 걷다.

❸ **복음입니다** ⇄ 예수님이 죄의 권세와 싸워 이기셨다. 그분을 믿는 자는 죄에서 자유를 얻었다.

❹ **이단이다** ⇄ 기독교와 비슷하게 생겼는데 짝퉁이다.

❺ **하나님 나라 백성이다** ⇄ 하나님의 다스림을 받고 하나님 말씀을 지켜 행하는 사람들이다.

⊕

·바알신: 남성 신
·아스다롯신: 여성 신

바알과 아스다롯, 두 우상을 땅에 풍요를 가져다주는 신으로 여겼습니다. 고대 농경사회에서 비를 내려 주고 땅에 풍성한 수확을 가져다주는 존재로 생각한 것이죠. 우상을 섬겼던 이들은 신을 자신의 마음대로 조종할 수 있다고 믿었던 셈입니다.

# 5

하나님의 부루마블

# 땅

> 여호와께서 아브람에게 말씀하셨습니다. "네 고향,
> 네 친척, 네 아버지의 집을 떠나 내가 네게 보여 주는
> 땅으로 가거라." ▶ 창세기 12:1

## 이 땅을 사시겠습니까?

부루마블 게임을 아시나요? 보드게임의 한 종류인데요. 세계를 여행하면서 땅을 사고 건물을 세우는 게임입니다. 윷놀이처럼 주사위를 던져서 나오는 숫자만큼 네모 칸을 이동하는 방식입니다. 각 칸 안에는 도시 이름이 적혀 있는데요. 도착한

도시가 마음에 들면 땅을 구매하고, 그렇지 않으면 사지 않습니다. 만일 도착한 도시가 이미 다른 사람이 구매한 땅이라면 통행료를 내는 룰입니다. 이 게임을 승리로 이끄는 비결은 초반에 달려 있는데요. 가능한 빨리 좋은 땅(예로 서울)을 구매하고, 무인도에 들르지 않는 것입니다.

## 하나님이 보여 주시는 땅

너의 고향을 떠나 내가 네게 보여 주는 땅으로 가라

하나님이 아브라함을 부르셔서 하신 말씀입니다. 당시 아브라함은 화려한 도시(메소포타미아)의 사람이었습니다. 어릴 적부터 수많은 사람들과 거대한 건물을 보고 자랐을 겁니다. 그런 아브라함에게 새롭게 보여 주시는 땅은 얼마나 대단한 곳이었을까요? 다른 분도 아닌 하나님이 선택하신 땅인데요. 다음 지도는 성경의 배경이 되는 이스라엘과 팔레스타인 지역의 과거 모습입니다.

이 땅의 크기는 생각보다 크지 않습니다. 정확히 말해서 아주 작은 편입니다. 가로가 80킬로미터, 세로가 240킬로미터 정도입니다. 고속열차를 타고 한 시간 반 정도면 나라 끝에서 끝까지 갈 수 있는 셈입니다. 세계 속에서 땅의 크기를 비교해 보면 우리나라는 109위, 이스라엘은 151위입니다. 우리나라와 비교하면 4분의 1 정도밖에 되지 않죠. 지금의 강원도나 경상북도의 크기와 비슷합니다.

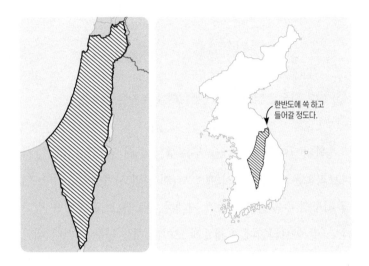

한반도에 쏙 하고 들어갈 정도다.

## 무조건 피해야 할 땅

하나님이 선택하신 땅은 작은 곳이었습니다. 게다가 산악이 많은 지역이라 사람이 살 수 있는 땅은 더 비좁았습니다. 기후는 건조하고 물을 구하기도 쉽지 않았죠. 말하자면 수도 서울을 떠나 전기도 수돗물도 나오지 않고 와이파이도 터지지 않는 산골도 가는 셈입니다. 심지어 아브라함이 이 땅에 도착했을 때는 심각한 기근이 기다리고 있었죠.

2부 알아 두면 쓸데 있는 최소한의 성경 지식

그것만이 아닙니다. 이곳은 위험한 지역이었습니다. 여러 대륙들(유럽, 아시아, 아프리카 등) 사이에 낀 땅이기 때문입니다. 큰 나라의 공격에 취약할 수밖에 없습니다. 실제로도 침략을 당하거나 전쟁을 겪는 일이 많았습니다. 조용할 날이 거의 없었던 겁니다. 부루마블 게임으로 치면 가야 할 땅이 아니라 피해야 할 땅이었습니다.

## 하나님을 의지하는 것이 최고의 복이다

인간적으로는 조금만 더 북쪽으로 올라가는 것이 나아 보입니다. 큰 강(유프라테스 강, 티그리스 강)이 있어서 환경적으로 풍족했을 테니까요. 하나님께서 위치 선정에 실수하신 걸까요? 아닙니다. 이 땅은 눈으로 보기에는 최악의 땅이었지만 믿음으로 볼 때는 최고의 땅이었습니다. 바로 다음의 이유 때문이었습니다.

하나님만을 의지하기에 최적의 장소였다.

아브라함에게 보여 주신 땅은 하나님만을 의지해야 하는 곳이었습니다. 그렇지 않으면 살 수 없는 땅이었기 때문입니다. 하나님의 백성들에게 최고의 환경은 풍족한 곳이 아닙니다. 하나님만을 의지하는 자리입니다. 살아 계신 하나님을 경험하는 장소이기 때문입니다. 하나님은 작고 척박한 땅을 택하셔서 전 세계에 예수님의 복음이 뻗어 나가는 본부로 사용하셨습니다.

## 우리가 서 있는 땅은 이유가 있다

우리는 가끔 원치 않는 자리에 설 때가 있습니다. 내가 바라던 것이 이뤄지지 않거나 억울한 일을 겪기도 합니다. 사람들과의 관계가 틀어지기도 하고 막막하고 지쳐서 주저앉아 울고 싶을 때도 있습니다. 그러나 그 자리는 결코 실패가 아닙니다. 복된 자리입니다. 하나님만을 의지할 수 있는 절호의 기회이자 살아 계신 하나님을 만나는 자리이기 때문입니다.

우리가 지금 서 있는 곳은 아무 이유 없이 있는 것이 아닙니다. 하나님이 우리를 사용하시기 위해 불러 주신 자리입니다. 살아 계신 하나님은 우리의 자리를 복되게 하실 것입니다.

성경이 쓰인 당시에는 지금처럼 장과 절이 구분되어 있지 않았습니다. 지금 우리는 "자~ 요한복음 3장 16절 펼시다"라고 말하면, 시간적인 차이만 있을 뿐 대부분 잘 찾습니다. 좌표를 찍어 주는 것이니까요. 그런데 장과 절이 없었다면 얼마나 불편했을까요?

　　유대인들이 구약성경을 읽을 때 주제별로 문단을 나눠서 읽었던 것이 절을 나누게 된 시작이라고 말하기도 합니다. 우리가 현재 나눠 읽는 장의 구분은 캔터베리 대주교인 스티븐 랭턴(Stephen Langton)이 A.D. 1227년에 한 것으로 알려져 있습니다. 구약성경의 절 구분은 유대교 랍비였던 나단(Nathan)이 A.D. 1448년에 나눈 것으로 알려져 있습니다. 신약성경의 절 구분은 인쇄업자였던 로버트 에티엔(Robert Estienne)이 했습니다.

**성경, 질문 있습니다!**

**01** 만약 다른 나라에서 살 수 있다면, 어디에서 살고 싶나요? (그 이유는요?)

**02** 하나님이 그의 백성들을 선택하신 이유는 숫자가 많거나 강해서가 아니었습니다. 도리어 가장 약했습니다. 하나님은 왜 '하필이면' 작고 약한 이들을 선택하셨을까요?

> 여호와께서 너희를 기뻐하시고 선택하신 것은 너희가 다른 민족들보다 수가 많아서가 아니다. 너희는 오히려 민족들 가운데 수가 가장 적었다. ― 신명기 7:7

**03** 지금 내가 오직 하나님만을 의지해야 하는 것(또는 일)은 무엇인가요?

## 서로 질문

지금 내가 육체 안에 사는 것은 나를 사랑하셔서 나를

위해 자신의 몸을 내 주신 하나님의 아들을 믿는

믿음으로 사는 것입니다. ▶ 갈라디아서 2:20b

## 종교가 몰려온다

· 자비로우시고 자애로우신 알라의 이름으로.

  -코란, 이슬람


· 관자재보살께서 깊이 반야바라밀다를 수행할 때, 오온이 모두

비어 있음을 밝혀 모든 괴로움에서 건지느니라.

-반야심경, 불교


· 최고의 사제 불의 신을 찬양하도다. 희생의 성스러운 의식을
주관하며 최고의 보물을 주는 이를.

-리그베다, 힌두교


다른 종교의 경전에 나오는 첫 구절들입니다. 성경으로
치면 창세기 1장 1절인 셈이죠. 오늘날 종교는 우리 삶에 깊숙
이 들어와 있습니다. 우리나라는 점점 다문화 사회가 되면서
다양한 종교를 가진 분들을 만날 기회가 늘고 있습니다. 할랄
푸드(이슬람 허용식품) 마크가 찍힌 식당도 늘어나고 있고, 종
교 시설들도 다양해지고 있죠.

사회적으로도 SBNR(Spiritual But Not Religious)이라고
해서 종교를 가지고 있지 않지만 종교적인 사람들은 늘어나고
있습니다. 현실을 넘어서 초월적인 것에 관심을 두는 것이죠.
다양한 종교를 접할 기회가 늘어나는 흐름 속에서 성경과 다
른 경전의 차이를 알면 혼란에 빠지지 않는 데 도움이 됩니다.
그 차이를 두 가지로 알아볼게요.


① 다운로드와 업로드

**"성경은 계시다"**

경전을 아주 단순하게 두 가지 형식으로 나눌 수 있습니

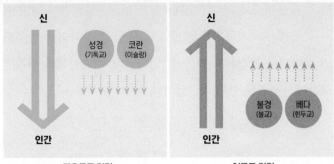

·다운로드 경전      ·업로드 경전

다. 다운로드와 업로드입니다. 다운로드는 위에서 아래로 전해진 것입니다. 다른 말로 계시라고 할 수 있죠. 연극무대에서 커튼을 여는 장면을 떠올려 볼 수 있습니다. 관객들에게 감추어진 것을 보여 주듯이 사람의 노력으로 알 수 없는 것을 초월적인 존재가 알려 주는 것이죠. 성경과 코란이 여기에 해당합니다.

업로드는 아래에서 위로 향하는 것입니다. 진리(신 또는 해탈)에 이르기 위해서 도를 닦거나 종교적인 행동을 하는 일에 집중합니다. 불교와 힌두교가 여기에 해당합니다. 불교에서 삼천배(삼천 번 절하는 것)를 하거나 힌두교에서 요가를 하는 이유도 여기에 있습니다. 지금은 종교를 초월해 육체 단련으로 많이 활용되기도 하죠.

② 성경과 코란

"종인가 자녀인가"

이슬람교는 이름에서 풍기는 대로 엄격한 규율로 유명합

니다. 하루에 기도를 세 번(때로는 다섯 번) 엎드려서 해야 합니다. 음식은 돼지고기를 입에도 댈 수 없죠. 우리의 소울 푸드인 햄버거나 삼겹살도 먹을 수 없습니다. 이슬람교의 경전인 코란에서 금하고 있기 때문입니다.

| 단어 | 뜻 |
|------|-----|
| 이슬람 | 신에 대한 복종 |
| 무슬림 | 이슬람교를 믿는 사람(복종하는 사람) |
| 코란 | 읽다 |

무슬림들은 이슬람교의 창시자인 무함마드가 천사의 계시를 받아 코란을 지은 것으로 믿고 있습니다. 교리나 여러 규율 등을 담고 있고 분량은 신약성경의 80퍼센트 정도입니다. 그들은 이 작고 얇은 책을 신으로 여깁니다. 감히 라면 받침대로 썼다가는 신성 모독죄를 범한 것입니다.

성경과 코란의 차이점은 크게 두 가지로 정리할 수 있습니다. 첫째, 코란은 예수님을 하나님으로 인정하지 않습니다. 예수님의 십자가 죽음도, 부활도 부정합니다. 예수님을 그저 수많은 선지자 중의 한 사람으로만 여깁니다. 그러나 성경은 예수님이 삼위일체의 하나님이시자 구원자이심을 증언하고 있습니다.

둘째, 코란에서는 신과 사람의 관계를 그저 명령과 복종의 관계로만 여깁니다. 일종의 주종관계로만 보는 것이죠. 코란에서 말하는 구원은 철저하게 종교적인 의무를 다하는 것입니다. 그러나 성경은 하나님과 우리를 사랑의 관계로 설명합니다. 주인과 노예가 아닌 아버지와 자녀로 여기는 것이죠. 성경에서 말하는 구원은 종교적인 의무를 실천하거나 노력으로 얻는 게 아닙니다. 하나님의 선물로 주어지는 것입니다. 우리가 하나님께 복종하는 이유는 구원을 받기 위해서가 아니라 이미 주신 구원에 감사하는 마음으로 행하는 것입니다.

## 성경, 다른 경전과 무엇이 다른가?

성경과 다른 종교의 경전은 결정적인 차이가 있습니다. 바로 예수님입니다. 다른 경전은 사람이 신을 만나기 위해 노력해야 한다고 말합니다. 규율을 엄격하게 지키거나 고된 수행을 하는 것처럼 말이죠. 성경은 유일하게 하나님이 사람을 만나기 위해 이 세상에 직접 오셨다고 말씀합니다. 하나님이 죽으셨다고 증언합니다. 죄인인 우리를 위해서 말입니다. (다른 종교에서는 상상도 못할 이야기입니다.) 부활하셔서 우리가 영원히 거할 곳에 들어갈 길을 여셨습니다. 그분은 바로 예수님입니다.

> 지금 내가 육체 안에 사는 것은 나를 사랑하셔서 나를
> 위해 자신의 몸을 내 주신 하나님의 아들을 믿는
> 믿음으로 사는 것입니다. ▶ 갈라디아서 2:20b

'역사는 승리자의 것'이라는 말이 있죠. 뮤지컬 《몬테크리스토》에서 부르는 노래의 제목이기도 한데요. 가사의 한 부분을 소개하면 이렇습니다.

> 항상 역사는 승리한 자들만의 작품이니까. 살짝 거짓 보태고 멍청한 녀석들이 우리 얘길 믿게 해. 그의 얘기를 꾸민 우리는 어떻게 되지. 존경받겠지.

역사를 자기 입맛에 맞게 쓰는 사람들의 의도를 비꼰 가사라고 할 수 있습니다. 실제로 역사 속에서 권력을 잡은 이들은 자신에게 유리하게 역사를 손보기도 했습니다. 본인의 잘못이나 약함을 슬쩍 빼 버리고 상대의 약점은 부풀리거나 왜곡하는 방식이죠.

성경 또한 하나님을 믿는 사람들이 썼다고 해서 의도를 의심하는 사람들이 있습니다. 질문처럼 '자기에게 유리하게 쓰지 않았을까?'라고 의심하는 것이죠. 그런데 성경은 너무나도 진실합니다.

예를 들면, 성경에는 사람들에게 가장 존경받는 왕이 나옵니다. 다윗 왕이죠. 하지만 성경은 다윗의 자랑스러운 모습만이 아니라 부끄러운 모습까지 기록하고 있습니다. 믿음의 조상이라고 불리는 아브라함도 마찬가지입니다. 저자들은 칭찬받을 일만이 아니라 비난받을 만한 일도 빼놓지 않고 기록했습니다. 성경 인물들을 보면 약간의 차이만 있을 뿐 양면성과 이기적인 모습이 솔직하게 묘사되어 있습니다. 이것은 성경이 사람들의 기록(History)이 아니라 하나님의 기록(His story)임을 보여 줍니다.

**성경, 질문 있습니다!**

**01**  종교를 가지진 않지만 신비하고 초월적인 것을 추구하는 종교적인 사람들(SBNR)은 늘어난다고 합니다. 그 이유가 어디에 있다고 생각하나요?


**02**  성경은 예수님과 우리의 사이를 명령-복종의 관계가 아니라 사랑의 관계임을 말씀합니다. 나에게 예수님을 사랑하지 못하도록 막는 것이 있다면 무엇인가요?

> 내 안에 머물러 있으라. 그러면 나도 너희 안에 머물러 있을 것이다. 가지가 포도나무에 붙어 있지 않으면 스스로 열매를 맺지 못하는 것처럼 너희도 내 안에 있지 않으면 열매를 맺을 수 없다.  — 요한복음 15:4


**03**  종교가 없거나 다른 종교를 가진 사람이 "네가 믿는 성경은 뭐가 달라?"라고 묻는다면 어떻게 대답할 건가요?

# 서로 질문

# 이단

성경을 어떻게 잘못 사용하는가?

> 가짜 그리스도들과 가짜 예언자들이 나타나 표적과
>
> 기사를 보이면서 가능한 한 택함받은 사람들까지도
>
> 미혹할 것이다. ▶ 마가복음 13:22

## 늙은 사자와 여우 이야기

한 동네에 늙은 사자가 살고 있었습니다. 자신의 힘으로 먹이를 구하기 힘들었던지 꾀를 냈습니다. 동굴 속에 들어가서 아픈 시늉을 하는 것이었습니다. 많은 동물들이 안심하고 병문안을 왔을 때 잡아먹기 위해서였죠. 사자의 단순한 꾀는 적중

했습니다. 호기심 많은 동물들이 들어가서는 먹이가 되었기 때문입니다. 이번엔 여우 차례가 되었습니다. 여우는 동굴에서 멀찍이 떨어져 사자와 대화를 시작했습니다.

여우:  사자님 몸은 좀 어떤가요?
사자:  아주 안 좋아. 그런데 왜 동굴엔 들어오지 않는 게야?
여우:  동물들이 동굴에 들어간 발자국은 보이는데, 나온 발자국은 보이지 않아서요.
사자:  …….

이솝우화에 나오는 이야기입니다. 믿음 여행에도 늙은 사자와 같은 사람들이 있습니다. 바로 이단입니다. 이들은 사람들의 마음을 사거나 안심시켜 놓은 다음, 어느 순간에 이빨을 드러내어 신앙과 가정을 박살 내는 영혼의 사냥꾼들입니다.

## 이단은 사람을 홀리는 데 전문이다

인터넷에 이단과 관련된 기사가 올라오면 '어떻게 똑똑해 보이는 사람들이 그런 곳에 빠질 수 있지?' 류의 댓글을 심심찮게 볼 수 있습니다. 실제로 이단에는 어딘가 부족해 보이는 사람들(?)만 있지 않습니다. 사회적으로 인플루언서들도 제법 많습니다. 왜 그럴까요? 예수님은 다음과 같이 예언하셨습니다.

가짜 그리스도들과 가짜 예언자들이 나타나 표적과

기사를 보이면서 가능한 한 택함받은 사람들까지도

미혹할 것이다. ▶ 마가복음 13:22

이단은 사람들을 미혹합니다. 마치 늙은 사자가 꾀를 내어 동물들을 유인한 것처럼 가짜 믿음이라는 덫으로 홀립니다. 그중의 하나가 기적입니다. 이단 교회를 겨우 빠져나온 사람들의 이야기를 들어 보면 기적을 직접 봤다는 내용이 종종 있습니다. 교주의 기도로 병든 사람이 낫기도 하고, 삶의 어려운 문제가 해결되었다는 것이죠. 그 맛(?)을 못 잊어서 다시 이단으로 돌아가는 이들도 있습니다. 악한 영은 기적이라는 덫으로 사람들을 미혹합니다. 이단에서 이런 기적들을 부풀리거나 거짓으로 지어내서 자신들을 홍보하는 데 사용하기도 합니다.

이들의 치명적인 덫은 아이러니하게도 성경에 있습니다. 교묘하게 하나님 말씀을 꼬아서 악용합니다. 그들이 말하는 성경 이야기는 그럴 듯하게 들립니다. 계속 듣다 보면 나도 모르는 사이에 굴속에서 늙은 사자가 입 벌리고 있는 것 같은 이단 단체에 홀리게 됩니다. 이들은 성경을 어떻게 악용하는지 알아볼까요?

### ① 이단의 제멋대로 비유 알고리즘

성경에는 비유가 많이 등장합니다. 씨 뿌리는 자의 비유,

알곡과 가라지 비유 등 아주 많죠. 이단은 성경의 전체 내용이 비유와 상징으로 되어 있다고 말합니다. 이들은 마치 암호를 해석하는 게임을 하듯이 성경을 풀어 갑니다. 예를 들어 좋은 알곡을 자신의 이단 교회에 속해 있는 사람으로, 나쁜 가라지를 일반 교회에 다니는 사람으로 해석합니다. 모든 해석의 패턴들이 같습니다. '자기들에게 유리하게' 그리고 '제멋대로'입니다.

대표적으로 십사만 사천(144,000)이라는 숫자가 있습니다. 성경 마지막 장인 요한계시록에 나오는 숫자인데요. 구원받을 사람이 아주 많다는 것을 상징적으로 표현한 숫자입니다. 콘서트 장에 모인 많은 사람을 표현할 때 "와~ 수십만 명도 넘게 모인 것 같네"라고 표현하는 것처럼 말이죠. 이단들은 이 숫자를 상징이 아닌 실제적인 숫자라고 말합니다. 십사만 사천 명은 본인 이단 단체에 속한 사람들이라고 해석하는 것이죠. 역시나 '자기들에게 유리하게' 그리고 '제멋대로'입니다. 이렇게 주장하는 이단이 통일교, 신천지, JMS, 안식일교, 여호와의 증인, 하나님의 교회 등입니다.

② 이단의 제멋대로 타임라인

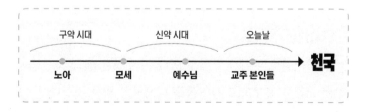

이단은 각 시대마다 구원자가 있다고 말합니다. 노아가 있을 때는 노아를 믿고 방주에 타야 살아남았습니다. 이들은 모세 때는 모세를 따라, 예수님 때는 예수님을 따라야 구원을 얻는 것처럼 지금은 자신들의 이단 교주를 믿어야 구원을 얻는다는 괴상한 논리를 폅니다.

## 이단이 이렇게 해석하는 의도는? 교주에 대한 무한 충성

### 십사만 사천 명

"십사만 사천 명 안에 들어야만 천국 갈 수 있습니다"라는 말을 들으면 어떨까요? 천국에 꼭 가고 싶은 사람은 그 숫자 안에 들기 위해 온갖 노력을 다할 겁니다. 그래서 이단에 속해 있는 사람들 중에는 학업이나 생업을 포기하고 성과에 집착하기도 하고, 가출하거나 부모님을 저버려서라도 충성을 다합니다. 하지만 현실은 서로 경쟁하는 것에 불과합니다. 예수님이 주시는 구원은 그런 게 아닙니다. 이미 십자가에서 우리의 구원을 모두 다 이루셨습니다. 사람의 노력으로 구원을 더하거나 뺄 수 없습니다.

### 시대별 구원자

'시대별로 구원자가 따로 있다'는 주장은 결국 자신들이 믿는 교주를 홍보하고 사람들을 미혹하기 위한 것입니다. 그들의 논리는 순 엉터리입니다. 성경에서는 처음부터 끝까지 예수님이 구원자이심을 말씀하고 있기 때문입니다. 우리를 구원하시는 분은 오직 예수 그리스도 외에는 없습니다.

알곡과 가라지의 비유를 들어 보셨나요? 물론 예수님이 이단에 관한 비유라고 꼭 찍어서 하신 말씀은 아니지만, 하나님의 마음을 엿볼 수 있는 비유입니다. 알곡은 좋은 곡식(밀)이고, 가라지는 잡초입니다. 초기의 겉모습은 밀과 잘 구분되지 않죠. 가라지의 열매를 먹으면 심하게 구토를 하거나 설사 또는 현기증을 일으키는 해로운 것입니다.

하루는 어느 곡식밭에 원수가 와서 가라지를 뿌리고 갔습니다. 시간이 흘렀을 때 곡식만이 아니라 가라지도 함께 보였겠죠? 사람들이 주인에게 가서 묻습니다. "가라지를 확 뽑아 버릴까요?" 주인은 거절합니다. 가라지를 뽑다가 알곡까지 뽑을 것을 걱정했기 때문이죠. 그러나 주인은 결국 추수 때가 되면 알곡과 가라지를 분리해서 알곡은 창고에, 가라지는 불태우게 될 것입니다.

우리의 입장에서는 이단이 사회와 교회를 혼란스럽게 만들고, 가정을 파괴하는 나쁜 단체이지만 하나님 입장에서는 다시 돌아오기를 바라는 자녀들입니다. 없애시기보다 먼저 돌아오기를 기다리시는 것이죠.

교회와 사람에 대한 상처로 인해 이단단체에 빠지는 이들도 많다고 합니다. 이들에게는 정죄와 비난보다는 치유와 회복이 필요합니다. 실제로 교회와 사람들의 사랑과 돌봄으로 이단에서 돌아오는 이들도 많고요. 그들을 위해 교회가 분명히 할 일이 있어 보입니다. 이단의 주장은 철저히 조심하되, 그 안에서 고통당하는 이들을 위해 기도하는 것입니다. 특히 이단에서 탈퇴하는 이들을 사랑으로 품어 주고 정확한 성경 지식을 가르쳐서 강건하도록 하는 일입니다.

**성경, 질문 있습니다!**

**01** 나 자신이나 주위에 사기를 당한 사람이 있나요? 당한 이유가 무엇인가요?

**02** 성경은 거짓 예언자를 조심하라고 말씀합니다. 왜냐하면 그들은 속이는 데 선수이기 때문입니다. 그들은 속일 때 사람의 가장 취약한 부분을 파고듭니다. 나의 가장 약한 부분은 무엇인가요?

> 거짓 예언자를 조심하라. 그들은 양의 탈을 쓰고 다가오지만 속은 사나운 늑대다.  — 마태복음 7:15

**03** 하나님은 이단에 빠져 미혹당한 영혼들을 보면서 어떤 마음이 드실까요?

# 서로 질문

3부

다섯 가지
키워드로
알아보는
구약성경

# 1분 성경 소개

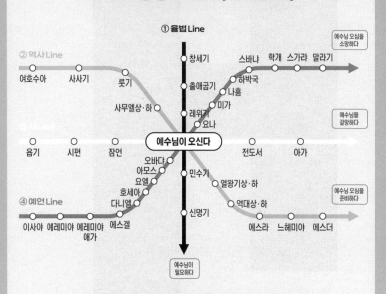

## 🚂 구약성경 노선도(파노라마)

① 율법 Line

예수님 오심을 소망하다

② 역사 Line

창세기 · 스바냐 · 학개 · 스가랴 · 말라기

여호수아 · 사사기 · 룻기

출애굽기 · 하박국 · 나훔 · 미가

사무엘상·하 · 레위기 · 요나

예수님을 갈망하다

욥기 · 시편 · 잠언 · **예수님이 오신다** · 전도서 · 아가

오바댜 · 아모스 · 요엘 · 민수기 · 열왕기상·하

호세아 · 다니엘 · 역대상·하

예수님 오심을 준비하다

④ 예언 Line · 신명기

이사야 · 예레미야 · 예레미야애가 · 에스겔 · 에스라 · 느헤미야 · 에스더

예수님이 필요하다

구약성경은 총 39권으로 구성되어 있습니다. 한눈에 보기 위해서 기차(또는 지하철) 노선도로 생각해 보면 좋습니다. 혹시 기차나 지하철 노선도를 보고 복잡해서 정신이 아찔했던 적이 있으신가요? 대부분의 노선도에는 두 가지 특징이 있습니다. 첫째, 각 역들이 하나의 선으로 연결되어 있습니다. 예를 들어 경부선, 호남선, 경춘선 또는 1호선, 2호선이겠죠. 둘째, 여러 선들이 겹치는 환승역이 있습니다. 환승역을 잘 모르면 쉽게 길을 잃을 수 있겠죠.

구약성경도 마찬가지입니다. 39권의 책들을 표현 방식에 따라 4개의 선으로 나눌 수 있습니다. 율법책, 역사책, 시집, 예언책이죠. (물론 자로 잰 듯이 장르가 정확하게 나뉘지 않지만) 큰 틀로 볼 때 4개로 나눌 수 있습니다. 그리고 이 선들이 하나의 환승역을 지나고 있습니다. 바로 예수 그리스도입니다. 모든 성경이 이 세상에 오실 예수님께 초점을 맞추고 있습니다. 이 핵심을 벗어나 성경을 대하면 쉽게 길을 잃게 됩니다.

**❶ 율법 Line ┊** 대한민국 국민은 대한민국의 법을 지키는 사람들입니다. 마찬가지로 하나님의 백성은 하나님의 법을 지키는 사람들입니다. 하나님이 사람들을 불러 율법을 주신 것은 백성 삼으시기 위함이었습니다. 의무를 주시기보다 사랑으로 특권을 주신 것이죠. 그러나 이스라엘 백성들은 율법의 의미를 지켜 내지 못했습니다. 율법의 완성이시자 진정한 제사장 되신 예수님이 필요한 이유입니다.

**❷ 역사 Line ┊** 역사는 거울입니다. 지난 과거에서 현재 우리의 얼굴을 볼 수 있기 때문입니다. 사울의 불순종에서 우리의 연약함을 보기도 하고, 다윗의 용맹함에서 우리 안에 있는 야성을 만나기도 합니다. 우리 속에는 사울의 얼굴과 다윗의 얼굴이 함께 존재하는 것이죠. 성경 역사에 등장하는 많은 왕들을 통해 우리를 돌아보게 됩니다. 마치 징검다리처럼 역사의 인물들을 통해 진정한 왕이 되시는 예수님 오시는 길을 준비합니다.

**❸ 시 Line ┊** 시는 우리에게 지혜를 주고 마음을 어루만져 줍니다. 성경에 나오는 시에서는 하나님의 성품을 볼 수 있고, 사람의 진솔한 고백을 만날 수 있기 때문입니다. 우리가 드리는 많은 찬양의 가사가 성경의 시에서 온 이유입니다. 성경에 담긴 시들을 통해 지혜 그 자체, 위로 그 자체 되시는 예수님을 갈망하게 됩니다.

**❹ 예언 Line ┊** 선지자들이 애절하게 "하나님께로 돌아오라"고 외치는 소리를 통해 백성을 기다리시는 하나님의 마음을 느끼게 됩니다. 백성들의 죽 끓듯 하는 변덕에도 불구하고 백성을 향한 하나님의 마음은 조금도 시들지 않았습니다. 진정한 선지자 되신 예수님 오심을 소망하게 됩니다.

# 성경 단어 번역기

❶ 예언하다   ⇄   반드시 이루어지는 하나님의 말씀을 전하다.

❷ 나는 순종한다   ⇄   하나님은 거짓이 없으신 분임을 신뢰하고
용기를 내어 말씀을 실천한다.

❸ 하나님은
신실하시다   ⇄   하나님은 자신의 약속을 반드시 지키신다.

❹ 겸손하다   ⇄   나는 내가 생각하는 것보다 연약하다는 사실을
기억하며, 낮은 마음과 자세를 지닌다.

❺ 우상을
숭배한다   ⇄   그것(또는 사람)을 하나님보다 더 신뢰하고
사랑한다.

**이스라엘 3대 절기(축제)**

·유월절: 하나님이 이스라엘을 애굽에서 구출하신 것을 기념하는 날
·맥추절(칠칠절 혹은 오순절): 곡식의 추수를 마치고 감사를 드리는 날
·초막절(장막절): 하나님이 이스라엘을 광야의 초막에서 지내게 하신
일을 기념하는 날

# 8

우리가 이 세상에 있는 이유

# 에덴동산

나는 너희가 있을 곳을 마련하러 간다. ▶ 요한복음 14:2b

## 나는 필요하다 고로 존재한다

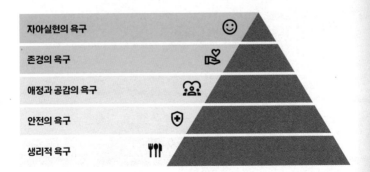

자아실현의 욕구 ☺

존경의 욕구

애정과 공감의 욕구

안전의 욕구

생리적 욕구

이 그림의 내용은 매슬로우(A. H. Maslow)라는 심리학자가 말한 것인데요. 사람이 가진 기본욕구를 다섯 가지로 요약하고 있습니다.

혹시 한 끼만 굶어도 화가 나고, 인적이 드문 길을 걸을 때 뒤를 돌아보게 되고, 주말마다 아무에게도 연락이 안 오면 외로움이 몰려오나요? 어떤 일을 해도 칭찬을 받지 못하고, 왜 그것을 해야 하는지 모를 때 의욕이 떨어지나요? 만약 그렇다면, 사람이기 때문에 그렇습니다. 우리는 채워져야 하는 존재이기 때문입니다. 만약 필수요소 중에 어느 하나라도 빠지면 삶이 불안정해집니다.

## 하나님은 우리의 필요를 아신다

하나님은 아담을 만드시고 에덴동산에 두셨습니다. 에덴의 뜻은 '기쁨'입니다. 이름에 걸맞게 풍성한 곳이었습니다. 사람에게 필요한 것이 모두 준비된 곳이었죠. 집으로 치면 풀 옵션이 갖춰진 곳이었습니다. 다른 말로 몸만 들어가도 되는 곳이었

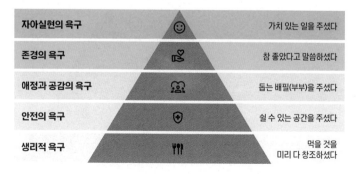

| 자아실현의 욕구 | ☺ | 가치 있는 일을 주셨다 |
| 존경의 욕구 | | 참 좋았다고 말씀하셨다 |
| 애정과 공감의 욕구 | | 돕는 배필(부부)을 주셨다 |
| 안전의 욕구 | | 쉴 수 있는 공간을 주셨다 |
| 생리적 욕구 | | 먹을 것을 미리 다 창조하셨다 |

습니다. 구체적으로 알아볼까요.

하나님은 아담의 필요를 아시고 채워 주셨습니다. 풍성한 열매를 준비하셨고, 쉴 수 있는 공간을 마련해 주셨습니다. 솔로였던 사람을 친히 커플로 만들어 주셨죠. 사람을 지으시고 보시기에 심히 좋았다고 말씀하셨습니다. 무엇보다 생명을 가꾸고 다스리는 중요한 일을 맡기셨습니다. 하나님은 이처럼 사람을 너무나 기뻐하셨습니다. 우리도 누군가를 보고 기쁜 마음이 생기면 뭐라도 내어 주고 싶어지듯이 말입니다.

## 창조에서 느껴지는 하나님의 사랑

하나님이 이 세상을 만드시는 순서에서도 사람을 향한 애틋한 사랑을 느낄 수 있습니다. 사람을 창조하실 때 먼저 시간과 공간, 동식물들을 창조하시고 마지막에 만드셨기 때문입니다.

사람을 처음이나 중간에 만드셨다면 어땠을까요? 아마도 엄청난 혼란을 겪었을 겁니다. 하지만 하나님은 창조의 하이라이트에 사람을 두셨습니다. 유일하게 하나님의 형상대로 지으시고 생기를 불어넣어 주셨죠. 마치 아직 태어나지도 않은 아기를 위해 아기자기하게 방을 꾸미고, 필요한 물건들을 준비하는 부모님의 따뜻한 마음이 느껴집니다.

### 예수님과 에덴동산
#### └시작부터 마지막까지 넘치는 기쁨

우리를 향한 사랑은 에덴동산에만 머물지 않았습니다. 예수님은 하나님 나라를 떠나 이 땅에 오셨습니다. 우리로 치면 풍성하고 안락한 집을 떠나신 것이죠. 이 세상에서는 제대로 된 집도 없으셨습니다. 편안하게 머리를 두며 쉴 수 있는 숙소도 없으셨습니다. 왜 이렇게 하셨던 걸까요? 예수님은 십자가 죽음을 코앞에 두고 그 이유를 말씀하셨습니다.

> 나는 너희가 있을 곳을 마련하러 간다. ▶ 요한복음 14:2b

우리가 영원히 거할 곳을 마련하시기 위해서였습니다. 예수님께 이 땅에서의 불편과 고난은 큰 문제가 아니었습니다. 왜냐하면 우리를 향한 기쁨과 사랑이 더 컸기 때문입니다. 이렇게 우리의 처음과 마지막은 하나님의 돌보심 속에 있습니다.

### 지금 우리, 그리고 메시지
#### └FOR가 아닌 WITH

오래전 이스라엘 주변 나라 사람들은 신들이 인간을 만든 이유를 FOR에 있다고 생각했습니다. 세상을 만드느라 지친 신들이 자신들을 위하여(for) 시중드는 노예로 부려 먹기 위해 지었다는 것이죠. 그들이 믿었던 신들은 사람에게 진정한 애

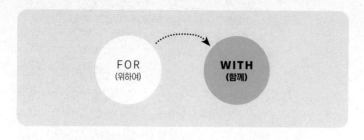

FOR
(위하여)

WITH
(함께)

정이 없었던 셈입니다.

하지만 하나님께서 사람을 만드신 이유는 WITH에 있습니다. 하나님과 **함께**(with) 기쁨과 사랑을 나누는 사이가 되기를 바라는 마음으로 지으셨다는 것이죠. 하나님이 우리에게 바라시는 건 거창한 게 아닙니다. 그저 하나님과 함께 살아가는 것입니다. 그래서 기독교는 종교나 의무가 아니라 관계입니다.

우리는 사랑하는 사람에게 말합니다. "너만 있으면 충분해." 하나님도 마찬가지입니다. 그저 있는 모습 그대로를 기뻐하시고 만족하십니다. 우리와 함께하기를 갈망하시는 하나님을 생각할 때 깨닫게 될 겁니다. 우리는 결코 하찮은 존재가 아닙니다. 루저가 될 수도 없습니다. 지금의 존재만으로도 엄청난 하나님의 기쁨이기 때문입니다.

한때는 사고나 질병으로 인해 혼수상태에 빠져 있는 동안 천국과 지옥에 다녀왔다는 분들이 많았습니다. 그분들의 이야기가 제법 많은 인기를 끌었습니다. 그곳에서 예전에 죽었던 분들과 대화를 나누기도 하고, 자신을 위해 준비된 천국 집도 구경했다는 얘기도 있었습니다. 어떤 사람은 궁궐같이 큰 집이 준비되어 있고, 어떤 사람의 집은 강아지 집같이 작다는 이야기들도 있습니다. 이 세상에서 얼마나 많은 선행을 했는지에 따라 천국에서 거할 평수가 달라진다는 것이죠.

결론적으로 우리는 성경이 가는 곳까지만 가고, 멈추는 곳에서 멈춰야 합니다.

성경은 천국과 지옥의 경험에 대해서 잘 말하지 않습니다. 예수님이 살려 주신 나사로나 바울이 살린 유두고는 죽었을 때 어떤 체험을 했는지에 대해서 말하지 않습니다. 바울도 자신의 천국 경험을 자세하게 말하지 않습니다. 책을 내거나 간증하지 않았습니다. 그래서 성경 이외에 천국과 지옥에 대한 경험담을 듣는 것은 위험할 수 있습니다. 천국 경험담에 심취한 많은 사람들이 성경을 떠나 미신이나 신비주의에 빠지기 때문입니다.

천국에 대한 경험담은 대부분 사람에게 초점이 맞춰져 있습니다. 사람에게 얼마나 즐거운 곳인지, 편안한 곳인지에 대해 말하는 것이죠. 어찌 보면 우리가 휴양지라고 말하는 곳과 크게 다르지 않습니다. 그러나 성경에서 말하는 천국은 하나님의 영광에 초점이 맞춰져 있습니다. 하나님의 영광이 얼마나 빛나고 충만한 곳인지를 말하는 것이죠.

우리는 오직 성경을 알고 성경의 진정한 의미를 깨달아야 합니다.

**성경, 질문 있습니다!**

**01** '에덴동산' 하면 가장 먼저 떠오르는 이미지가 무엇인가요? 그 이유도 말해 봅시다.

**02** 안타깝게도 '에덴동산이 얼마나 아름다운 곳일까?'라고 상상하는 사람들은 많지만, '에덴동산을 만드신 하나님은 얼마나 아름다운 분이실까?'라고 생각하는 이들은 적습니다. 선물을 주시는 분보다 선물에 더 관심이 있는 것이죠. 그 이유가 어디에 있다고 생각하시나요?

> 하나님께서 자신이 만드신 모든 것을 보시니 참 좋았습니다. ─ 창세기 1:31a

**03** 이번 장의 내용을 토대로 '우리가 이 세상에 있는 이유'를 한 문장으로 적어 봅시다.

# 서로 질문

**9**

이 세상의 첫 번째 거짓말

# 저주

> 그 길은 예수께서 우리를 위해 휘장을 통해 열어
>
> 놓으신 새롭고 산 길입니다. 그런데 이 휘장은 바로
>
> 그분의 육체입니다. ▶히브리서 10:20

## 강아지와 고양이의 차이점

강아지는 이렇게 생각한다.

'인간은 나를 먹여 줘, 그러니까 그는 나의 신이야.'

고양이는 이렇게 생각한다.

'인간은 나를 먹여 줘, 그러니까 나는 그의 신이야.'

소설가 베르나르 베르베르가 했던 말입니다. 강아지는 은혜를 알고, 고양이는 그렇지 않은 캐릭터라는 거죠. 고양이에 대해 악감정이 있거나 고양이 집사님들을 자극하기 위한 글은 아닐 겁니다. 그저 단순히 특성을 말하는 것 아닐까요?

# 아담과 하와의 캐릭터

위의 캐릭터만 놓고 보면 아담과 하와는 고양이에 가까운 사람들입니다. 에덴동산에서 모든 것을 준비하시고 채우신 하나님을 따르기보다 거부했기 때문입니다. 그들은 하나님이 먹지 말라고 신신당부하신 선악과를 먹었는데요. 그 의미는 다음과 같습니다.

하나님: 선악과는 먹지 마렴.
(통역: 선악과를 먹으면 우리는 함께 살 수 없단다.)

아담과 하와: 그래도 선악과를 먹을래요.
(통역: 우리는 하나님 없어도 잘 살 수 있어요. 어쩌면 더 잘 살 수도 있을걸요?)

선악과는 일종의 표지판입니다. 사람은 하나님 없이는 행복할 수 없음을 알려 주는 것이죠. 그래서 아담과 하와가 선악 과를 먹었다는 건 단순히 과일 하나를 섭취했다는 의미가 아 닙니다. 노골적으로 '우리는 당신이 필요 없다'는 선전포고였 습니다.

# 인류 최초의 거짓말

아담과 하와의 반역 뒤에는 뱀으로 위장한 사탄이 있었습니 다. 그들을 찾아온 사탄은 말했죠. "선악과를 먹으면 너희들이 하나님처럼 될 수 있어" 이 말은 인류 최초의 거짓말이었습니 다. 하나님처럼 되기는커녕 죽음과 저주와 눈물이 붙어닥쳤기 때문입니다.

사탄의 거짓말은 바이러스처럼 이 세상을 죄로 병들게 만 들었습니다. 죄로 인한 가장 끔찍한 저주는 하나님과의 관계 를 단절시켰다는 것입니다. 죄는 하나님에게서 너무나 사랑하 는 사람들을 빼앗았습니다. 사람에게서 영원한 생명을 잃게 만들었습니다. 하나님의 마음은 갈기갈기 찢어졌을 것입니다. 아담과 하와는 단순히 규칙을 어긴 것이 아니라 생명이신 하 나님을 저버렸기 때문입니다. 에덴동산에서 쫓겨난 이후에 펼 쳐지는 사람들의 이야기는 '하나님 없이 살아가기 위해 아등 바등하며 지내는 스토리'라고 요약할 수 있습니다. 그래서 성 경이 이렇게 두꺼워진 것일지도 모릅니다.

# 최고의 저주
## "참된 기쁨을 얻는 길이 끊어지다"

성경 속의 사람들은 에덴(기쁨)을 되찾기 위해 노력했습니다. 바벨탑을 높이 쌓아 보기도 하고, 금송아지를 만들어 엎드려 보기도 했습니다. 수많은 인맥을 맺기도 하고, 나라의 군사력을 키워 강대국을 만들어 보기도 했습니다. 하지만 그 끝은 언제나 솔로몬의 고백처럼, "헛되고 헛되니 모든 것이 헛되도다"▶전도서 1:2, 개역개정였습니다. 손으로 바람을 잡으려는 노력처럼 헛된 일이었습니다. 마치 소설가 카뮈의 《시지프 신화》에 나오는 저주와 닮았습니다. 커다란 바위를 산 밑에서 정상까지 굴려 올렸다가 떨어지고 다시 올리는 일을 영원히 반복하는 것 말이죠. 사람들은 제 나름대로 최선을 다했지만 기쁨의 주변부에만 머물 뿐 참된 기쁨에 도달하지 못했습니다. 왜냐하면 사람의 힘으로 에덴에 들어가는 길이 막혀 있기 때문입니다.

> 하나님께서 그 사람을 쫓아내시고 에덴동산 동쪽에
> 그룹들과 회전하는 칼의 불꽃을 둬 생명나무로 가는
> 길을 지키게 하셨습니다. ▶ 창세기 3:24

에덴동산에 들어갈 수 있는 문은 막혀 버렸습니다. 사람들이 접근하지 못하도록 천사들과 (드론 미사일을 연상하게 하는) 회전하는 불 칼이 가로막고 있었습니다.

## 예수님과 저주

예수님은 우리가 하나님께로 갈 수 있는 길을 여셨습니다. 사람의 노력으로는 결코 이를 수 없었던 참된 기쁨을 경험하게 하신 것이죠. 어떻게 가능할까요? 십자가에서 죽으심으로 하나님과 우리 사이를 갈라놓았던 가림막이 열렸기 때문입니다.

그 길은 예수께서 우리를 위해 휘장을 통해 열어
놓으신 새롭고 산 길입니다. 그런데 이 휘장은 바로
그분의 육체입니다. ▶ 히브리서 10:20

마틴 로이드 존스 목사님은 《창세기에 나타난 복음》이라는 책에서 이 말씀을 빗대어 감동적으로 묘사합니다. 예수님이 회전하는 불 칼 앞에 나가셨고, 그 칼에 맞아 죽으셨다는 것이죠. 그런데 예수님을 공격하던 칼(저주)이 부러져 버렸고 죄의 저주는 끊어졌습니다. 진정한 기쁨으로 가는 길이 활짝 열리게 되었습니다. 예수님이 고난당하심으로 우리는 나음을 입었습니다.

## 지금 우리, 그리고 메시지
ㄴ문이 닫히면 또 다른 문을 열어 주신다

성경을 읽다 보면 하나님께도 화법이 있다는 것을 알게

됩니다. '나 이런 하나님이야!'와 같이 말씀하시는 스타일입니다. "하나님이 공중에 나는 새도 돌보시고 땅 위의 들풀도 입히시는데 너희를 돌보시지 않으시겠냐? 염려하지 마라!" 그래서 성경은 우리가 어떻게 행동해야 하는지 말씀하시기보다, 하나님이 어떤 분이시고 어떤 일을 하셨는지를 알려 주는 책입니다. 성경을 읽으면 읽을수록 믿음이 강해지는 이유가 여기에 있습니다.

우리는 살아가면서 굳게 닫힌 문들을 만나게 됩니다. 대부분은 그 문을 통과하기 위해 최선을 다하죠. 하지만 열리지 않는 경험을 합니다. 그것이 누군가에게는 입시가 될 수 있고, 취업이나 결혼, 또는 개인적인 문제일 수 있습니다. 이 일이 반복되면 염려가 찾아옵니다. '왜 내 마음대로 되는 일이 없지?', '하아, 내 인생은 이렇게 망하는 건가?' 하지만 그 문들이 열리지 않는다고 해서 우리는 결코 망하지 않습니다. 우리 삶이 진짜 망하는 것은 하나님이 안 계시는 것이지, 내 일이 잘못 돼서가 아니기 때문입니다.

하나님은 이미 우리 인생의 가장 근본적이고 실제적인 문제를 모두 해결하셨습니다. 구원의 문을 여셨죠. 그 하나님이 우리 삶을 책임지지 않으실까요? 하나님을 신뢰합시다. 문이 닫혔다면 분명 또 다른 문을 열어 주실 것입니다.

한때 인터넷에서는 한 유명 스님의 어록이 많은 관심을 끌었습니다. "믿지 않는다고 해서 자신이 만든 인간들을 지옥에 보내는 하나님을 도무지 이해할 수 없다"는 말이었습니다. 그래서 자신은 지옥에 가겠다고 덧붙였죠(실제 그분이 한 말인지에 대해서는 확실치 않습니다).

이처럼 사람들 중에는 하나님은 사람을 지옥에 보내는 매정한 분이라고 생각하는 이들이 있습니다. 처음부터 지옥이 없었으면 더 하나님을 믿었을 거라고 말하는 이들도 있죠. 하지만 생각해 보면 지옥이 없다는 것은 하나님이 의롭지 않다는 말이기도 합니다. 악을 허용하는 것이기 때문입니다. 만약에 판사가 모든 범인들을 교도소로 보내지 않는다면 과연 의롭다고 할 수 있을까요? 하나님은 사랑이시지만 동시에 악을 미워하시는 정의로운 분입니다.

C. S. 루이스는 하나님이 그의 피조물을 지옥에 보내는 분이라는 말을 부정합니다. 그는 《천국과 지옥의 이혼》이라는 책에서 말했습니다. "세상에는 딱 두 종류의 인간밖에 없다. 하나님께 '당신의 뜻이 이루어지이다'라고 말하는 인간들과, 하나님의 입에서 끝내 '그래, 네 뜻대로 되게 해주마'라는 말을 듣고야 마는 인간들. 지옥에 있는 자들은 전부 자기가 선택해서 그곳에 있게 된 것이다" 하나님은 어떤 사람도 지옥에 가는 것을 원치 않으십니다. 사람의 자발적인 선택입니다.

**성경, 질문 있습니다!**

**01** 누군가를 미워해 본 적이 있나요? 자신은 주로 어떤 부류의 사람을 미워하는 것 같나요?

**02** 성경은 예수님을 통해 하나님께 나아갈 수 있는 길이 열렸다고 말씀합니다. 사람이 길을 닦은 것이 아니라 예수님이 전적으로 열어 주신 길입니다. 그러나 많은 사람들은 자신의 자격을 탓하며(난 열심이 없어, 성경을 많이 안 읽어) 하나님께 나아가려고 하지 않죠. 자신이 하나님께 나아가지 못하도록 가로막고 있는 것은 무엇인가요?

> 그러므로 자비하심을 얻고 필요할 때 도우시는 은혜를 얻기 위해 은혜의 보좌 앞으로 담대히 나아갑시다.
> — 히브리서 4:16

**03** '나 이런 하나님이야! 널 돌볼 수 있는 능력이 있어'라는 하나님의 화법이 지금 내가 겪고 있는 삶의 문제에 어떤 위로를 가져다주나요?

# 서로 질문

# ⑩ 언약

약속을 하시는 이유

내가 오늘 네 행복을 위하여 네게 명하는 여호와의

명령과 규례를 지킬 것이 아니냐 ▶ 신명기 10:13, 개역개정

## 이 약속들의 공통점은 무엇일까요?

(쉬운 이해를 위해서 나라명을 현재 이름으로 했습니다.)

중국은 영국에게 홍콩을 공짜로 바친다. 중국은 5개의 항구를
열어서 영국의 물건들을 군말 없이 통과시킨다. 중국은 영국과
무역 시 세금을 면제한다. 중국이 전쟁에서 졌으니 총 1,800만

달러(지금으로 환산하면 몇 조)를 영국에게 지불한다.

·난징 조약—영국과 청나라 간의 아편전쟁 이후 약속(1842년 8월)


중국은 한국에 대해 손을 뗀다(그래야 일본이 한국을 점령할 수 있으니까). 중국은 일본에게 금싸라기 땅(대만 등)을 바친다. 중국은 일본 사람이 자유롭게 드나들도록 항구를 연다. 중국이 전쟁에서 졌으니 2억 냥(당시 일본 국가예산 4년 치)을 일본에게 지불한다.

·시모노세키 조약—청나라와 일본 제국 간의 청일전쟁 이후 약속(1895년 4월)


한국을 일본에 통합시킨다(이제 한국은 일본의 노예이다). 한국은 일본 천황이 통치한다. 걱정 마라. 일본 천황은 한국의 황제와 그 가족들의 명예 정도는 지켜 주겠다. 일본은 한국인 중에 친일 행위를 열심히 하는 자들에게 훈장과 돈을 주겠다.

·한일병합조약(경술국치)—대한 제국과 일본 제국 간의 약속(1910년 8월)


위의 내용은 한 나라와 다른 나라 간의 있었던 약속입니다. 더 정확하게 말하면 당시의 강대국과 약소국 간의 약속이라고 할 수 있죠. 말이 약속이지 불평등 그 자체입니다. 마치 강도가 흉기를 들고 약한 사람에게 이렇게 말하는 것과 같습니다. "지금 당장 있는 돈 다 내놓으면 목숨만은 살려 주겠다고 약속하지!"

# 하나님이 제안하시는 약속

나보다 힘이 강하거나 높은 위치에 있는 사람이 약속을 제안할 때는 조심해야 합니다. 그 사람에게 유리한 방식으로 이뤄질 확률이 굉장히 높기 때문입니다. 위의 경우에도 강한 자는 더 배부르고 약한 자는 더 궁핍해졌습니다.

하나님은 그의 백성들을 찾아가셔서 약속을 말씀하셨습니다. 창조주가 피조물에게, 하나님이 그의 백성들에게, 힘이 강하신 분이 약한 사람들에게 약속을 맺자고 제안하시는 것이죠. 그 내용은 얼마나 불평등한 것일까요? 구약성경에서 하나님은 아담과 노아와 아브라함과 모세와 다윗과 이스라엘 백성과 약속을 맺으십니다. 대표적으로 세 가지를 알아볼까요.

## 하나님은 누구를 위해 약속을 맺으실까?

| 아브라함에게 주신 약속 | 시내산에서 주신 약속 | 다윗에게 주신 약속 |
|---|---|---|
| 네게 땅, 자손, 복을 주겠다 (창세기 12장, 15장) | 순종하면 너희의 하나님이 되리라(출애굽기 19장) | 네 왕위가 영원할 것이다(사무엘하 7장) |

하나님이 사람과 약속을 맺으시는 이유는 무엇일까요? 하나님을 위해서일까요? 아닙니다. 바로 우리를 위해서입니다.

내가 오늘 네 행복을 위하여 네게 명하는 여호와의
명령과 규례를 지킬 것이 아니냐 ▶ 신명기 10:13, 개역개정

하나님의 말씀과 약속은 바로 우리의 행복에 초점이 맞춰져 있습니다. 말씀을 읽고 실천하며, 약속을 기억하고 신뢰하는 것은 우리를 위한 일입니다.

### 예수님과 약속
#### └약속을 완전히 이루셨다

하나님은 이스라엘 백성을 위해 약속을 주셨지만 그들은 일방적으로 지키지 않았습니다. 마치 에덴동산의 아담과 하와처럼 '하나님 없이도 잘 살 수 있다'고 반항한 것이죠. 하지만 하나님은 끝까지 포기하지 않으셨습니다. 다시 새롭게 약속하셨기 때문입니다.

> 여호와의 말이다. 보라. 그날이 오리니 그때에
> 내가 다윗에게 의로운 가지를 일으킬 것이다. 그가
> 왕으로서 지혜롭게 통치하고 이 땅에서 정의와 의를
> 실천할 것이다. ▶ 예레미야 23:5

다윗의 후손을 보내서서 그의 백성들을 구원하실 것임을 약속하셨습니다. 그분은 누구일까요? 바로 예수님이십니다. 신약성경(마태복음, 누가복음)에는 예수님의 족보가 나오는데요. 갑자기 생소한 이름들이 나열되는 것을 보고 당황스러워하는 사람들도 있습니다. 하지만 그 안에 약속의 핵심이 담겨 있습니다. 예수님이 다윗의 자손이라는 사실을 강조하기 위함이기 때문입니다. 이스라엘 백성은 불순종으로 약속을 깨 버렸지만 예수님은 순종하심으로 하나님의 약속을 이루셨습니다. 예수님으로 인해 우리는 구원을 얻었습니다.

## 지금 우리, 그리고 메시지
### └하나님의 약속은 의심을 깨트린다

존 번연의 소설 《천로역정》을 보면 주인공인 크리스천이 의심의 성에 머무는 장면이 나옵니다. 그 성의 주인은 절망이라는 이름의 거인인데요. 잔인하고 무자비한 악당입니다. 크리스천은 절망에게 붙잡혀 감옥에 갇히게 됩니다. 무기력한 나날을 보내던 어느 날, 한 가지 사실을 깨닫게 됩니다. 바로 자신에게는 약속이라는 열쇠가 있었는데, 그 열쇠로 의심의 성에 있는 모든 자물쇠를 열 수 있다는 것을 말입니다. 결국 약속이라는 열쇠로 감옥을 탈출하게 됩니다.

우리의 믿음이 때론 의심스러울 때가 있습니다. '하나님이 정말 나를 사랑하시는지?', '기도를 듣고 계시는지?', '함께해 주시는지' 등 말입니다. 의심은 우리를 절망에 빠트립니다. 천로역정의 주인공이 절망에게 붙잡혀 감옥에 갇힌 것처럼 말이죠. 이 의심을 깨트릴 수 있는 방법이 있습니다. 하나님께서 우리에게 하신 약속을 찾는 것입니다. 성경 속에는 우리를 향한 하나님의 약속으로 가득합니다. 그 약속을 붙들고 기도할 때 의심과 절망에서 벗어날 수 있습니다. 하나님은 그분의 약속을 반드시 지키시는 신실하신 분이기 때문입니다.

하나님은 그의 백성들에게 약속을 일깨우시길 원하셨습니다. 필요하다면 고난을 통해서라도 깨우치길 원하셨습니다. 이것이 역사 속에서 이스라엘이 강대국들의 공격을 받도록 허락하신 이유였습니다. 구약성경에서 하나님의 백성을 점령했던 나라는 다음과 같습니다.

| 앗수르 제국 | 바벨론 제국 | 메대(메디아)와 바사(페르시아) 연합국 |
|---|---|---|

성경에서 하나님 백성이 전쟁에서 지거나 정복당했을 때는 단순히 힘이 약했기 때문이 아닙니다. 하나님의 약속을 잊어버리고 신앙적으로 무뎌졌기 때문이었습니다. 하나님이 아닌 자신의 힘만 의지했을 때는 여지없이 패배했습니다. 반면에 백성들이 가장 강했을 때는 자신이 아닌 하나님만 의지했을 때였습니다. 그들이 패배할 때는 이 사실을 깨달아야만 했습니다.

성경을 보면 '일이 잘되는 것'도 은혜이지만, '안 되는 것'도 은혜입니다. 일이 잘 안 되는 일을 통해서도 하나님은 일하시기 때문입니다. 이스라엘에게나 우리에게나 고난은 유익합니다. 고난을 통해 하나님의 일하심을 더 굳게 의지하게 됩니다.

# 성경, 질문 있습니다!

**01**   누군가가 약속을 지키지 않았을 때 어떤 생각이 들었나요?

**02**   성경은 하나님이 약속을 지키시는 분이라고 말씀합니다. 사람
의 말은 변해도 하나님의 말씀은 영원합니다. 지금 성경을 펼쳐
보고 백성들에게 하시는 약속을 하나만 찾아봅시다.

> 하나님은 사람이 아니시니 변덕스럽지 않으시고 사람의
> 아들이 아니시니 마음을 바꾸지 않으시니라. 그분이 말씀만
> 하시고 실행에 옮기지 않으시겠으며 약속만 하시고 이루지
> 않으시겠는가?   — 민수기 23:19

**03**   약속을 이루시는 하나님을 늘 기억할 때 내 삶의 (지금) 어떤 부
분이 변화될 수 있을까요?

# 서로 질문

예수께서 대답하여 이르시되 기록되었으되 사람이

떡으로만 살 것이 아니요 하나님의 입으로부터

나오는 모든 말씀으로 살 것이라 하였느니라

하시니 ▶ 마태복음 4:4, 개역개정

## 이곳은 어디일까요?

절망: 내 마음대로 되지 않는 곳입니다. 계획했던 일들이

실패로 돌아가고, 준비했던 일들이 물거품처럼 사라지는 것

같습니다. 나 자신이 한심하게 느껴지기도 하죠.

외로움: 외로운 곳입니다. 누구도 나의 마음을 몰라줍니다. 심지어 나와 가까운 가족들이나 친구들도 나를 있는 그대로 받아 주지 않습니다. 나 혼자 동떨어져 있는 느낌입니다.

막막함: 앞이 보이지 않는 곳입니다. 가족의 누군가가 건강이 나빠지시거나 다치기도 합니다. 집이 경제적으로 어려워지기도 하죠. 어두운 터널을 지나는 느낌입니다.

위험: 위험한 곳입니다. 온갖 걱정이 몰려옵니다. 앞으로 뭘 해야 할지 걱정, 루저가 되지 않을까 걱정, 비교될까 봐 걱정, 나를 뒷담화하지 않을까 걱정. 걱정 근심이 압박하는 것 같습니다.

무기력: 무기력한 곳입니다. 왜 살아야 하는지 모르겠습니다. 자존감은 낮아지고 가슴은 답답하고 의욕이 없습니다. 어딘가 텅 비어 있는 것처럼 느껴집니다.

## 이곳은 바로

광야입니다. 광야는 고난이 있는 곳이기 때문입니다. 한 마디로 자신이 깨어지는 경험을 하는 곳입니다. 그곳이 가정환경일 수 있고, 학교나 친구관계일 수 있습니다. 그 외에 자신만이 아는 것일 수 있겠죠.

# 광야학교

하나님은 이스라엘 백성을 '노예로 살던 애굽'(지금의 이집트)에서 구출해서 '풍요로운 가나안'(지금의 팔레스타인)으로 인도할 계획을 가지고 계셨습니다. 엄청난 구출 작전이었죠. 다만 이스라엘 백성은 가나안 땅으로 들어가기 전에 한 학교를 통과해야만 했습니다.

애굽에서 나옴 ▶ 광야학교 ▶ 가나안에 들어감

하나님의 광야학교였습니다. 이 학교의 수업은 영어도, 수학도 아니었습니다. 두 가지였죠.

① 힘 빼기 수업: 내 힘을 의지해서는 살아남을 수 없다
② 하나님 의지하기 수업: 하나님만 의지하면 살아남을 수 있다

스포츠에서도 훌륭한 감독은 선수들에게 위의 두 가지 훈련을 합니다. 선수들의 잘못된 자세를 버리게 하고 제대로 된 폼을 갖추게 합니다. 탁월한 선수로 만들기 위해서입니다. 하나님도 마찬가지입니다. 그의 백성들이 옛 노예의 습관을 버리고 하나님만 의지하게 하셨습니다. 하나님 백성이라는 정체성으로 세상을 살아가도록 하기 위해서였습니다.

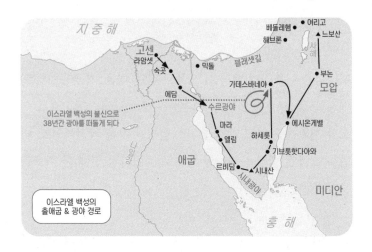

지중해

고센
라암셋
숙곳
믹돌
블레셋길
베들레헴    여리고
헤브론    느보산
사해
부논
모압
고센
라암셋
에담
수르광야
가데스바네아
이스라엘 백성의 불신으로
38년간 광야를 떠돌게 되다
마라
엘림
하세롯
에시온게벨
르비딤
시내산
기브롯핫다아와
애굽
시내광야
미디안
홍해

이스라엘 백성의
출애굽 & 광야 경로

이스라엘 백성은 일주일 만에 통과할 수 있는 광야를 40년 동안 맴돌아야 했습니다. 왜 그랬을까요? 하나님을 불신했기 때문입니다. 그들은 자신들의 힘을 의지하고 하나님을 거역했습니다. 그들의 광야학교는 낙제였습니다.

### 예수님과 광야
#### └ 말씀으로 승리하신 예수님

예수님이 세상에 본격적으로 데뷔하시기 직전이었습니다. 예수님도 광야로 이끌려 마귀에게 시험을 받으셨습니다. 광야에서 사십 일 동안 밤낮으로 금식하셨는데요. 우린 보통 예수님이 굶으셨다는 말을 들으면 대수롭지 않게 여깁니다. '예수님은 하나님이신데 그것쯤이야?'라고 생각합니다. 그렇지 않습니다. 예수님은 완전한 하나님이셨지만, 동시에 완전한 인간이셨기 때문입니다. 인간이 느낄 수 있는 목마름, 배고

픔을 함께 느끼셨습니다. 마귀는 교묘하게 예수님의 약점을 파고듭니다. 배고픔을 달랠 수 있는 유혹을 합니다. 돌을 떡으로 만들라는 것이죠. 그때 예수님은 이렇게 말씀하셨습니다.

> 예수께서 대답하여 이르시되 기록되었으되 사람이
> 떡으로만 살 것이 아니요 하나님의 입으로부터
> 나오는 모든 말씀으로 살 것이라 하였느니라
> 하시니 ▶ 마태복음 4:4, 개역개정

예수님은 이어지는 마귀의 유혹(뛰어내리라, 내게 절하라)에도 성경 말씀으로 물리치셨습니다. 광야에서 이스라엘 백성은 반복적으로 실패했지만 예수님은 말씀으로 광야를 통과하셨습니다. 그것도 이스라엘 백성이 광야에서 들었던 말씀(신명기)을 사용하셔서 이기셨습니다.

## 지금 우리, 그리고 메시지
### └말씀으로 광야를 통과하기

우리도 절망, 외로움, 막막함, 위험, 무기력이라는 광야를 만날 때가 있습니다. 광야는 삶의 끝이 아니라 새로운 시작입니다. 사람을 의지하는 힘을 빼고 하나님만 바라보는 믿음의 출발점에 서 있는 것입니다. 광야를 지나는 그리스도인들에게 가장 필요한 것은 무엇일까요? 물론 사람들의 위로와 도움이 절실히 필요합니다. 오아시스와 같은 휴양지에서 적당히 피로를 풀 수 있는 공간이나 시간도 필요하겠죠. 그러나 이 모든 것을 갖추고 있어도 하나님 말씀이 없다면 광야의 시험을 이기기 어렵습니다. 주위 사람과 상황은 늘 변하지만 하나님 말씀은 변하지 않기 때문입니다. 그리스도인들에게 있어 강력한 무기는 바로 말씀입니다. 사탄에게 있어 가장 치명타는 말씀입니다. 이스라엘 백성은 광야에서 실패했지만 예수님은 말씀으로 승리하셨습니다. 잊지 마세요! 이 예수님은 광야에서도 우리와 함께하십니다. 예수님만 생각하고 예수님만 따라가고 예수님만 의지해 보세요. 광야는 걸림돌이 아닌 디딤돌이 될 것입니다.

3부 다섯 가지 키워드로 알아보는 구약성경

'어릴 때 고생은 사서도 한다'는 말 들어 본 적 있나요? 성장에 있어 고난이 큰 도움이 된다는 의미로 하는 말이겠죠. 하지만 고난에도 양면성이 있는 것 같습니다. 사람을 강하게 만들기도 하지만, 완전히 무너지게도 하기 때문입니다. 마치 같은 햇빛을 받는데, 찰흙은 강해지고 버터는 녹는 것처럼 말입니다.

> 무화과나무가 싹이 트지 않고 포도나무에 열매가 없다고 해도, 올리브 나무에서 수확할 것이 없고 밭은 먹을 것을 생산하지 못해도, 우리 안에 양 떼가 없고 외양간에 소가 없다 해도 ▶ 하박국 3:17

하박국 선지자는 고난을 겪고 있습니다. 자신이 의지할 수 있는 것이 전혀 없습니다. 그는 이 상황에서 하나님께 어떻게 고백했을까요?

> 나는 여호와를 기뻐할 것이고 나의 구원이 되시는 하나님을 즐거워할 것입니다. 주 여호와께서는 내 힘이십니다. 그분은 내 발을 사슴의 발처럼 만드시고 그분은 높은 곳에서 나로 하여금 뛰어다니게 하십니다. ▶ 하박국 3:18-19a

하박국 선지자는 고난 중에 하나님만을 의지합니다. 하나님은 자신의 발을 '사슴의 발'처럼 만드신다고 고백합니다. 사슴의 발은 독특한 특징이 있습니다. 앞다리가 짧고, 뒷다리는 깁니다. 그래서 한 번의 점프로 높은 곳에 이를 수 있는 힘을 가지고 있죠. 맹수의 공격을 피할 수 있는 힘이 다리에서 나옵니다. 이처럼 고난 중에 하나님을 의지하는 사람은 어떤 상황에도 극복할 수 있는 힘을 얻게 됩니다. 모든 고난 중에서 하나님을 바라볼 때 그 고난은 복이라고 말할 수 있습니다.

# 성경, 질문 있습니다!

**01** 최근에 나를 힘들게 만든 일은 무엇인가요?


**02** 성경은 고난을 만나면 기도해야 할 때라고 말씀합니다. 내가 아는 사람 중에 고난을 만난 사람이 있나요? 그분을 위해 한 문장으로 기도제목을 써 봅시다.

> 경건한 사람이 고난을 받을 때에, 모두 주님께 기도하게 해주십시오. 고난이 홍수처럼 밀어닥쳐도, 그에게는 미치지 못할 것입니다. — 시편 32:6, 새번역


**03** 서두에서 묘사한 절망, 외로움, 막막함, 위험, 무기력이라는 광야를 경험한 적이 있나요? 그 경험을 통해 무엇을 배웠나요?

# 서로 질문

# 선지자

절대로 포기하지 않으시는 하나님

> 우리가 아직 죄인 되었을 때에 그리스도께서 우리를
> 위하여 죽으심으로 하나님께서 우리에 대한 자기의
> 사랑을 확증하셨느니라 ▶ 로마서 5:8, 개역개정

## 나를 기억하나요?

가끔 영화를 보다 보면 성경의 내용이 떠오를 때가 있습니다. 《첫 키스만 50번째》라는 영화가 그랬습니다. 주인공은 헨리라는 남성과 루시라는 여인인데요. 헨리는 우연히 카페에 앉아 있는 루시를 보고 한눈에 반하게 됩니다. 그 자리에서 용기를 내어 프로포즈를 합니다. "나랑 사귀어 줄래요?" 루시도 그리 나쁘진 않았는지 흔쾌히 받아 줍니다. 커플 1일차에 알콩달콩한 대화를 나누고 헤어집니다. 문제는 다음 날에 벌어집니다. 루시가 남자친구였던 헨리를 처음 본 사람처럼 대하는 겁니다. 헨리가 다가가도 냉랭하게 대하고 밀쳐 냅니다.

알고 봤더니 이 여인은 단기 기억상실증을 앓고 있었습니다. 하루 동안 있었던 일은 다음 날이 되면 초기화됩니다. 그러니 전날의 일은 생각나지 않는 것이죠. 그러나 헨리는 매일 루시를 찾아갑니다. 반복해서 프로포즈를 합니다. 잊히고 거절당해도 포기하지 않고 찾아갑니다. 그리고 말합니다. "(혹시) 나를 기억하나요?" 자신을 기억할 수 있으리라는 일말의 기대감을 놓지 않았던 것이죠. 헨리가 루시의 기억을 되살리기 위한 노력이 있었는데요. 매일 자신과 함께했던 순간들을 영상으로 남기는 일입니다. 혹여나 그 장면들을 보며 자신을 기억하지 않을까 하는 기대감을 가지고 말이죠.

## 이스라엘 백성의 영적 기억상실증

성경에 나오는 이스라엘 백성의 특징이 있습니다. 바로 잘 까먹는다는 것입니다. 하나님은 그들을 찾아가서서 은혜를 베풀어 주시지만 백성들은 그때뿐입니다. 곧바로 언제 그랬냐는 듯이 하나님을 떠납니다. 마치 집단적으로 단기 기억상실증에 걸린 게 아닐까 의심이 들 정도입니다. 그래서 성경에는 아래의 패턴이 지속적으로 반복됩니다.

하나님, 제발 도와주세요! (간구)

⬇

얘들아, 내가 도와주마! (은혜)

⬇

하나님, 이제 필요 없어요. (타락)

⬇

아, 너무 힘들어요. (고난)

하나님이 백성들을 찾아가셔서 도와주십니다. 그러면 백성들은 죄를 범해 하나님을 떠납니다. 곧이어 심판을 받아 고난을 겪습니다. 백성들은 살려 달라고 소리칩니다. 하나님은 그들을 구해 주십니다. 이 패턴이 계속해서 반복됩니다.

## 그럼에도 찾아오시는 하나님

여기서 주목해야 할 점은 그럼에도 하나님은 그의 백성들을 포기하지 않으셨다는 점입니다. 그러지 않으셨다면, 성경은 아담이 선악과를 범한 창세기 3장에서 끝났을 겁니다. 하나님은 거절당하고 무시당해도 끝까지 백성들을 포기하지 않으셨습니다. 하나님은 백성들의 깜깜한 기억력을 밝히기 원하셨습니다. 그래서 선지자를 보내셨습니다. 마치 헨리가 루시를 위해 일상을 찍고 보여 주었던 것처럼 말입니다.

## 선지자들을 보내시는 하나님

이스라엘은 3대 왕인 솔로몬의 우상숭배 이후로 두 개의 나라로 쪼개졌습니다. 북이스라엘과 남유다로 말이죠. 각각 정부가 들어서서 왕들이 통치했습니다. 북이스라엘은 19명의 왕이, 남유다는 20명의 왕이 통치했죠. 하나님은 각각의 나라에 선지자들을 보내셨습니다.

북이스라엘

엘리야 ▶ 엘리사 ▶ 아모스 ▶ 요나 ▶ **호세아**

남유다

요엘 ▶ 이사야 ▶ 미가 ▶ 스바냐 ▶ 나훔 ▶ 에레미야 ▶ 하박국 ▶ 오바댜 ▶ 다니엘 ▶ 에스겔

## 우리가 여호와께로 돌아가자

대부분의 선지자의 삶이 쉽지 않았지만 호세아 선지자는 특히 더 힘들었을 것 같습니다. 왜냐하면 하나님이 바람둥이 여인인 고멜을 아내로 맞이하도록 하셨기 때문입니다. 호세아는 북이스라엘을 돌아다니며 외쳤습니다. "여러분 여호와께로 돌

아오십시오. 하나님이 여러분을 회복시키실 것입니다!" 아마도 이 말을 들었던 백성들은 하나같이 키득키득 소리를 내며 비웃었을 것입니다. 어떤 사람은 노골적으로 비난했을지도 모릅니다. "당신 아내나 잘 간수하시오! 아내가 지금 다른 남자와 바람난 건 아시오?" 호세아가 마을에서 말씀을 전하는 동안 그의 아내 고멜은 다른 남자와 사랑에 빠진 것입니다. 호세아는 고멜을 찾아가 용서하고 데려옵니다. 고멜은 또 나가 바람을 피웁니다. 호세아는 반복적으로 찾아가 용서하며 데려옵니다. 하나님은 왜 다른 사람도 아닌 선지자에게 이런 아내를 품으라고 하셨을까요? 그것은 백성들을 대하시는 하나님의 마음을 알려 주기 위해서였습니다. 하나님은 호세아처럼 끊임없이 백성들을 찾아가서 용서하고 받아주셨지만, 백성들은 고멜처럼 하나님을 떠나 범죄하기 바빴기 때문입니다. 호세아는 백성들에게 다음과 같이 외칩니다.

> 우리가 여호와를 알자 힘써 여호와를 알자 그의
> 나타나심은 새벽 빛 같이 어김없나니 비와 같이,
> 땅을 적시는 늦은 비와 같이 우리에게 임하시리라
> 하니라 ▸ 호세아 6:3, 개역개정

성경에서 선지자들이 '하나님께로 돌아오라', '하나님을 알자'라고 외치는 장면을 자주 볼 수 있습니다. 그때마다 우리는 아무리 속이 썩어 들어가도, 부정당한 기분이 들어도 결코 포기하지 않으시는 하나님의 마음을 읽어 낼 수 있어야 합니다.

호세아 선지자와 예수님의 이름은 의미가 같습니다. 바로 구원이라는 뜻을 가지고 있죠. 진정한 호세아(구원) 되시는 예수님은 사람들을 찾아오셨습니다. 그리고 거룩한 신부로 삼아 주셨습니다. 이것은 너무나 충격적인 일입니다. 사람에게서는 그분의 사랑을 받을 만한 구석이 전혀 없었습니다. 우리는 모두 방탕한 고멜과 같기 때문입니다. 하지만 호세아가 고멜을 계속해서 찾아간 것처럼, 예수님은 죄인 된 우리를 포기하지 않으셨습니다. 신랑 되신 예수님을 잊어버리고 거절하고 조롱해도 끝까지 기다리셨습니다. 호세아가 그의 아내를 다른 남자로부터 구출하기 위해 값을 지불했던 것처럼, 예수님은 우리를 살리시기 위해 십자가에서 값을 치르셨습니다. 왜 그렇게까지 하셔야 했을까요? 하나님이 우리를 얼마나 사랑하는지를 알게 하시기 위해서였습니다.

우리가 아직 죄인 되었을 때에 그리스도께서 우리를
위하여 죽으심으로 하나님께서 우리에 대한 자기의
사랑을 확증하셨느니라 ▶ 로마서 5:8, 개역개정

## 지금 우리, 그리고 메시지
### └ 하나님의 사랑 안에 머물기

우리가 살아가는 세상은 나 자신을 증명해야 하는 곳입니다. 우리가 한 살 한 살 나이를 먹어 갈수록 세상은 점점 더 분명한 소리로 속삭일 것입니다. '너 자신을 증명해 봐'라고 말이죠. 사람들은 '자신이 얼마나 괜찮은 사람인지', '뛰어난 사람인지', '적어도 무시당할 만한 사람은 아니라는 것'을 증명하기 위해 애씁니다. 실력이나 외모, 돈으로 인정받으려고 하죠. 알랭 드 보통이라는 작가는 《불안》이라는 책에서 이 모든 노력의 바탕에는 '사랑받지 못하면 어떡하지?' 하는 불안이 깔려 있다고 말합니다. 우리는 기억해야 합니다. 하나님이 우리를 얼마나 사랑하셨는지를 먼저 증명(확증)하셨다는 것을요. 우리의 가치는 사람들에게 얼마나 인정받느냐에 있지 않습니다. 우리에게 사랑을 증명하신 하나님이 어떤 분이냐에 달려 있습니다. 당신은 결코 작은 존재가 아닙니다. 세상에서 가장 크신 이가 사랑하는 자녀입니다.

사람들 중에는 성경을 읽으면서 하나님을 잔인한 분으로 생각하는 이들이 있습니다. 특히 이방민족들을 진멸(히브리어로 '헤렘')하도록 명하는 장면에서 그렇습니다. 이스라엘 백성이 애굽에서 나와 가나안 땅으로 들어갔을 때 이방 민족들이 있었습니다. 하나님은 그들을 멸하라고 말씀하신 것이죠. 이런 내용으로 오늘날에도 믿지 않는 사람을 혐오하거나 공격하려는 시도가 있습니다. (세계적으로 일어나는 전쟁의 대부분이 종교전쟁이라고 하죠.) 그건 어디까지나 성경을 오해해서 생기는 일입니다. 하나님이 이렇게 말씀하셨던 이유는 일반적으로 우리에게 적용할 수 없습니다. 성경 당시의 특수한 이유가 있었기 때문입니다.

하나님은 당시 이스라엘 민족을 모델로 삼아 하나님의 성품과 백성들의 정체성을 알려 주셨습니다. 먼저, 하나님의 성품은 사랑과 정의입니다. 하나님은 가나안에 있는 이방민족들 역시 기다리셨습니다(창세기 15:16). 회개하기를 말이죠. 그들은 끝내 죄에서 돌아서지 않았던 것입니다. 그래서 공의의 하나님은 그 죄를 심판하셨어야만 했습니다. 다음, 하나님 백성들의 정체성은 하나님만 따르는 것이었습니다. 그러나 그들이 들어갈 가나안 땅은 우상을 숭배하고 하나님께 반역하는 문화가 팽배했습니다. 이것은 하나님 백성들이 그들을 닮을 수 있는 위험성이 있다는 뜻이었습니다. 마치 독이 가득한 잔과 같았습니다. 하나님은 그들에게 독이 될 수 있는 것을 제거하기 원하셨던 것입니다. 백성들이 이 명령을 지키지 않았을 때 그들은 여지없이 이방 우상과 문화에 물들게 되었습니다.

**성경, 질문 있습니다!**

**01** 모든 기억을 다 잃어도 이것 하나만은 잃지 않았으면 하는 소중한 기억이 있나요?

**02** 성경은 하나님이 그의 자녀들을 절대 잊지 않는다고 말씀합니다. 만약 하나님이 우리를 잊으신다면 우리는 어떻게 될까요?

> 여인이 어찌 그 젖 먹는 자식을 잊겠으며 자기 태에서 난
> 아들을 긍휼히 여기지 않겠느냐 그들은 혹시 잊을지라도
> 나는 너를 잊지 아니할 것이라   — 이사야 49:15, 개역개정

**03** 우리에 대한 하나님의 마음을 다섯 가지의 단어로 표현해 봅시다. (예를 들어, 사랑-안타까움-불쌍함-애절함-설레임 등으로) 그리고 그 단어로 표현한 이유를 말해 봅시다.

# 서로 질문

4부

다섯 가지
키워드로
알아보는
신약성경

# 1분 성경 소개

## 👉 신약성경 노선도(파노라마)

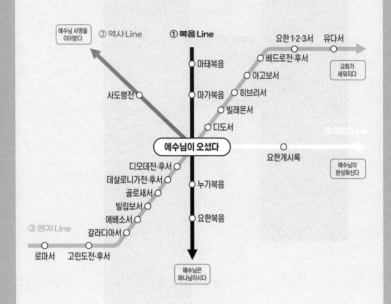

신약성경은 총 27권으로 구성되어 있습니다. 구약성경과 마찬가지로 한눈에 보기 위해서 기차(또는 지하철) 노선도로 생각해 보면 좋습니다. 27권의 책들을 표현 방식에 따라 4개의 선으로 나눌 수 있습니다. 복음책, 역사책, 편지책, 예언책이죠. 이 선들은 하나의 환승역을 지나고 있습니다. 역시 예수 그리스도입니다. 구약성경에서는 '오실' 예수님에 대한 기대를 담고 있다면 신약성경에서는 '오신' 예수님의 완성을 담고 있습니다.

**❶ 복음 Line** ┊ 예수님에 대해서 직접적으로 알 수 있게 합니다. 예수님이 하신 말씀과 일들이 기록되어 있기 때문입니다. 마태-마가-누가복음을 공관복음이라 부릅니다. 같은 관점으로 기록되었다는 뜻이죠. 이에 비해 요한복음의 관점은 독특합니다. 공관복음서는 일반 열차라고 하면, 요한복음은 테마 열차라고 할 수 있습니다. 일반 열차는 순서(출발-과정-도착)가 중요합니다. 이처럼 공관복음도 예수님의 생애를 순서(탄생-죽으심-부활)에 따라 기록했습니다. 테마 열차는 어느 특정 주제(해변-산길 투어)를 중요시합니다. 요한복음은 예수님을 영생이라는 주제에 집중해서 기록하였습니다.

**❷ 역사 Line** ┊ 예수님의 사명을 이어받아 펼쳐지는 스토리를 담고 있습니다. 역사 Line에 속해 있는 책은 딱 한 권입니다. 바로 사도행전입니다. 그리스도인들에게 성령님이 오셔서 교회가 세워지고 복음이 전해지는 역사적인 내용들을 담고 있죠.

**❸ 편지 Line** ┊ 성도들이 생겨나고 교회가 세워지면서 예수님에 대한 제대로 된 가르침이 필요했습니다. 사도들을 중심으로 성도들에게 기독교 교리와 복음을 가르치는 내용이 주로 기록되어 있습니다. 특히 사도바울이 쓴 편지(바울서신)가 많은 분량을 차지하고 있습니다.

**❹ 예언 Line** ┊ 우리가 살아가는 이 세상이 결국 어떻게 되는가를 알려 주고 있습니다. 예언 Line에 속해 있는 책은 딱 한 권입니다. 바로 요한계시록입니다. 하나님이 밧모섬이라는 곳에 갇혀 있었던 사도 요한에게 계시로 보여 주셨습니다. 그래서 제목이 요한계시록이죠. 예수님께서 악의 세력을 심판하고 새로운 세상을 완성하실 것이라는 예언을 담고 있습니다.

# 성경 단어 번역기

**❶ 자유하다** ⇌ 내 마음대로 다 할 수 있지만 하나님을 위해 절제한다.

**❷ 성령 충만하다** ⇌ 하나님의 능력과 성품을 쏙 빼닮고 있는 중이다.

**❸ 교회가 된다** ⇌ 예수님을 주인으로 모시는 사람 또는 모임이 된다.

**❹ 예배하다** ⇌ 그 대상을 가장 귀중히 여기며 사랑한다.

**❺ 영생을 얻다** ⇌ 영원하신 하나님과 그 나라에 연결되었다.

**이스라엘 제사 종류**

· 번제:  여러 동물을 불에 완전히 태워서 드리는 제사. 소, 양, 비둘기 등을 드린다. 하나님께 대한 헌신을 드리는 것을 의미한다.

· 소제:  동물이 아닌 곡식을 있는 그대로 구워서 드리는 제사. 곡식 가루나 기름, 유향 등을 사용한다. 하나님께 감사와 함께 향기로운 것들을 드리기 위함으로 추정된다.

· 속죄제:  사람이 잘못을 해결하거나 성소의 정결을 위해 드리는 제사. 수송아지, 염소, 어린양 등을 드린다. 죄를 회개하거나 부정함을 없애는 것을 의미한다.

· 속건제:  사람이 다른 이에게 피해를 끼치거나 하나님께 거짓 맹세를 했을 때, 거룩한 물건들(예로 제물)을 실수로 다뤘을 때 드리는 제사. 잘못을 인정하고 끼친 손해를 보상하는 것을 의미한다.

· 화목제:  감사와 약속을 지키는 마음으로 드리는 제사. 소나 양 등을 드린다. 하나님과의 화합을 의미한다.

# 13

나의 사랑으로 말할 것 같으면!

# 끝까지 사랑

> 유월절 전에 예수께서는 이 세상을 떠나 아버지께로
> 가실 때가 됐다는 것을 알고 계셨습니다. 예수께서는
> 세상에 있는 자기의 사람들을 사랑하시되 끝까지
> 사랑하셨습니다. ▶ 요한복음 13:1

## 우리 당으로 말씀드릴 것 같으면!

예수님이 이 세상에 오셨을 때, 백성들은 로마의 통치를 받고
있었습니다. 당시에는 종교와 정치가 분리되지 않았습니다.
종교 단체가 곧 정치 정당이었죠. 그들에게는 크게 네 개의 당

이 있었습니다. 각 당들의 이야기를 들어 볼까요.

바리새파 당원: 여러분, 우리 당으로 말씀드릴 것 같으면 다른 당과 클래스가 달라요. 이름부터가 바리새, 즉 분리된 사람들이다 이 말씀입니다. 그럼 무엇으로부터 분리되었느냐. 저 더러운 진흙탕에서 뒹구는 돼지와 같은 이방인들, 로마인들과 차원이 다릅니다. 우리 민족이 살길은 모세의 율법(구약성경의 율법 Line)을 철저하게 지키는 일입니다. 한토시도 틀리지 않고 말이죠! 자 그럼, 우리 당 구호를 외쳐 볼까요. "율법을 지키면 살고, 안 지키면 죽는다!"

사두개파 당원: 아닙니다. 출신이 좋은 우리가 더 클래스가 높지요. 우리는 사독 제사장의 후예들로서 상류층입니다. 우리 민족이 살길은 성전에서 예배드리면서 적당하게 로마인들과 타협하는 것입니다. 이방인들을 모욕하고 멀리해야 한다는 저 바리새파 당원의 말은 아주 위험한 발언입니다. 우리 당 구호를 외치겠습니다. "적당하게 타협하면 어디가 덧나냐!"

열심당 당원: 이건 모두 로마가 무서워서 하는 비겁한 변명입니다! 로마는 멀리하거나 타협할 대상이 아니라 박살 내야 하는 악당들입니다. 우리 민족이 살길은 폭동을 일으켜

이곳을 점령한 로마를 내쫓는 것입니다. 우리 당 구호는,
"일어나자! 행동하자! 공격하자!"

에세네파 당원: 여러분, 생각해 보세요. 위의 다른 당 얘기
들었다가 뭐라도 달라진 것이 있습니까? 우리 삶만 더
피폐해지지 않았습니까. 여기는 더 이상 희망이 없습니다.
우리 민족이 살길은 속세를 떠나는 것입니다. 우린 사막으로
떠납니다. 그곳에서 성경을 필사하며 경건하게 살 것입니다.
우리 당 구호를 들어 보실래요. "다 필요 없다! 떠나자.
사막으로!"

# 다른 방법, 같은 꿈

만일 여러분이라면 어느 당에 한 표를 던질 건가요? 각자의 주
장이 너무 달라서 고민이 될 수도 있을 것 같습니다. 이들이 생
각한 '백성들을 돕는 방법'은 달랐지만 꿈은 같았습니다. 구약
성경에서 예언한 구원자가 오시는 것이었죠. 바로 이런 세상
에 예수님이 오셨습니다.

너희가 **성경** 안에서 영생을 얻을 수 있다는 생각에
**성경**을 열심히 연구하는구나. **성경**은 바로 나에 대해
증언하고 있다. ▶ 요한복음 5:39

예수님이 이 말씀을 하실 때는 신약성경이 없었습니다. 예수님이 말씀하시는 성경은 구약성경이었습니다. 앞서 살펴본 구약성경의 네 가지 Line 즉, 율법-역사-시-예언 모두 예수님을 가리키고 있다는 것이죠. 바로 예수님 자신이 구원자이심을 밝히신 것입니다.

## 그들과 예수님의 꿈은 달랐다

예수님은 어느 당에 들어가셨을까요? 만약 사람들의 인기가 필요하셨다면 바리새파, 힘이 필요하셨다면 사두개파, 공격력이 필요하셨다면 열심당, 신비주의가 필요하셨다면 에세네파가 유리하셨을 겁니다. 하지만 예수님은 어느 쪽도 선택하지 않으셨습니다. 왜냐하면 그들과 다른 꿈을 꾸셨기 때문입니다. 그들이 기대했던 것은 초능력을 펼치는 히어로처럼 빌런인 로마를 힘으로 무너뜨리고, 민족을 자유롭게 해방하는 것이었죠. 그들의 꿈은 복수하고 깨부수고 짓밟는 위치에 서는 것이었습니다.

예수님이 세상에 오신 목적은 달랐습니다. 깨어진 하나님과의 관계를 회복하시는 일이었습니다. 더 정확하게 말해 처음 우리를 지으신 목적대로 하나님과 화목하게 하는 일이었습니다. 왜냐하면 앞서 **저주**(이 세상의 첫 번째 거짓말, 86쪽)에서 살펴본 대로 하나님과의 불화를 시작으로 이 세상이 엉망으로 깨어졌기 때문입니다. 예수님이 여러 곳을 다니시며 사람들을 만나 전하셨던 메시지의 핵심이 바로 여기에 있습니다. 힘이 우리를 자유롭게 하는 게 아니라 진리이신 예수님이 우리를 참으로 자유롭게 합니다▶요한복음 8:32. 예수님은 이를 위해 깨어지고 짓밟히는 위치에 서셨습니다.

## 예수님과 끝까지 사랑
### └사람의 진정한 필요를 채우시는 분

이처럼 예수님이 어느 당에도 소속되지 않고 홀로 길을 나서신 것은 보호 장비 하나 없이 맨몸으로 맹수들과 맞서는 것과 같았습니다. 이들은 예수님을 구원자로도 인정하지 않았을 뿐만 아니라 신성모독이라는 프레임을 씌어 죽도록 미워하고 증오했습니다. 하지만 예수님은 묵묵히 구원자의 길을 걸어가셨습니다. 예수님의 마음을 잘 표현한 성경 구절이 있습니다.

> 유월절 전에 예수께서는 이 세상을 떠나 **아버지께로 가실 때**가 됐다는 것을 알고 계셨습니다. 예수께서는 세상에 있는 **자기의 사람들**을 사랑하시되 **끝까지 사랑**하셨습니다. ▶ 요한복음 13:1

아버지께로 가실 때: 지금 예수님은 죽음의 때가 다가온다는 것을 아셨습니다. 곧 있으면 로마 군인에게 체포되어 재판을 받을 것입니다. 채찍질을 당하고 십자가에 못

박히실 것을 아셨습니다. 우리가 모를 때는 그냥 걸어갈 수 있는 길도, 미리 알면 절대로 못 걸어가는 길이 있습니다. 감당 못할 고통이 있는 길입니다. 예수님은 그 길을 알고도 걸어가셨습니다.

자기 사람들: 예수님의 제자들은 의리를 지켰을까요? 아닙니다. 모두들 하나 되어 예수님이 잡히시면 도망갈 사람들입니다. 가룟 유다는 은 삼십에 예수님을 팔아넘길 것입니다. 당시 이 액수는 짐승이 노예를 죽였을 때 주인에게 지불하는 액수였죠. 스승을 노예로 취급한 겁니다. 베드로는 예수님을 부인하고 저주까지 할 예정입니다.

예수님은 배신자들 사이에서 고난의 길을 앞두고 계셨던 것입니다. 예수님은 먼저 손을 쓰셔서 배신자들에게 역공을 하시거나 도망가셔도 되지 않았을까요? 하지만 그렇게 하지 않으십니다. 그 길을 걸어가십니다. 왜 그러셨을까요? 바로 끝까지 사랑하셨기 때문입니다.

헨리 나우웬은 《춤추시는 하나님》이라는 책에서 예수님의 초점은 "우리의 진정한 필요를 채우는 데 있었다"고 말합니다. 이 문구를 어디서 본 것 같지 않으신가요? 에덴동산에서 사람의 필요를 아시고 채우시는 하나님 마음을 떠올리게 합니다.

## 지금 우리, 그리고 메시지

### ㄴ우리는 필요한 사람들이다

우리의 필요를 아시고 채우시는 하나님은 앞서 **에덴동산**(우리가 이 세상에 있는 이유, 79쪽)에서 살펴봤습니다. 이 사실을 세상과의 관계에서 적용해 보면 좋겠습니다. 예수님은 이 땅에 오셔서 본인의 필요에 초점을 맞추지 않으셨습니다. 만약 그러셨다면 네 개의 정당 중에 한 군데를 입당하셔서 먼저 자신을 보호하는 일을 선택하셨겠죠. 예수님의 모든 초점은 우리의 진정한 필요를 채우시는 데 있었습니다. 그래서 예수님은 사람들의 인기를 얻으려거나 인정을 받으려고 하지 않으셨습니다. 거절당하고 버림당해도 끝까지 십자가의 길을 가셨습니다. 십자가의 희생이 우리 사람들에게 꼭 필요한 일이었으니까요.

우리는 세상 사람들에게 호감을 얻는 사람들이 아닙니다. 물론 적절한 호감도 필요하고 인정을 얻는 것도 필요하지만 궁극적인 목적은 필요한 사람이 되는 것에 있습니다. 사람들이 교회와 기독교인들을 미워한다고 해서 너무 위축되지 않았으면 좋겠습니다. 도리어 사람들을 위해 더 기도해야 합니다. 삶의 희생과 말씀으로 예수님을 전하는 일에 힘써야 합니다. 이 모습이 우리 모두에게 진정으로 필요합니다. 우리는 이 세상에서 인기를 끄는 사람들이 아니라 꼭 필요한 사람들입니다. 예수님이 그렇게 걸어가셨던 것처럼 말입니다.

신약성경을 보면 예수님이 기적을 일으키시는 장면들이 등장합니다. 찬양의 가사에도 소개하고 있죠. '예수님이 말씀하시니 물이 변하여 포도주 됐네. 바디매오가 눈을 떴다네. 죽은 나사로가 살아났다네' 말씀으로 물질이 변하고 사람이 살아나는 일은 현대인의 관점에서는 아주 낯선 일입니다. 성경에 나오는 기적들 때문에 하나님을 믿을 생각조차 하지 않는 사람들도 있을 정도죠.

하지만 생각해 볼까요. 하나님이 이 세상을 말씀으로 창조하신 것이 사실이라면, 과연 기적을 행하는 일이 하나님께 어려운 일일까요? 기적이 믿어지지 않는다면 창세기로 되돌아가 말씀으로 창조하시는 하나님을 믿는 것인지를 돌아봐야 합니다.

신약성경이 쓰일 당시에는 예수님의 기적을 본 사람들이 많았다고 전해집니다. 다른 종교에서는 종교 창시자가 죽은 뒤 몇 백 년이 지난 후에나 경전이 만들어진 것을 생각해 보면, 성경의 기적은 직접 체험한 사람들의 증언을 토대로 한 것이죠.

예수님이 기적을 행하실 때는 심심풀이가 아니었습니다. 분명한 목적을 가지고 행하신 일들입니다. 하나님은 가난한 자에게 복음을, 포로된 자에게 자유를, 눈먼 자에게 다시 보게 함을, 눌린 자에게 자유를 주시는 분(누가복음 4:18)이심을 보여 주시기 위해서였습니다. 기적 자체가 목적이 아니라 하나님의 성품과 그 나라를 알리시기 위해서였습니다.

**성경, 질문 있습니다!**

**01** 만약 세상을 바꾸는 꿈을 이루기 위해 대중적인 바리새파, 권력이 있는 사두개파, 공격력이 있는 열심당, 신비주의가 있는 에세네파 중에 한 군데에 속해야 한다면 어디를 선택하시겠습니까? 그 이유도 나눠 봅시다.

**02** 성경은 진리가 우리를 자유롭게 한다고 말씀합니다. 진리는 예수님이라고 할 수 있는데요. 우리가 예수님을 힘입어 자유롭게 되어야 할 부분은 무엇인가요?

> 너희는 진리를 알게 될 것이며 진리가 너희를 자유롭게 할 것이다. — 요한복음 8:32

**03** 세상 속에서 교회를 안 다니는 친구들과 이웃들을 만날 때 우리를 위축되게 하는 것이 있다면 무엇인가요?

# 서로 질문

# 14
## 십자가
심판의 타임라인

> 내 아버지, 할 수 있다면 이 잔을 내게서 거둬
> 주십시오. 그러나 내 뜻대로 하지 마시고 아버지의
> 뜻대로 하십시오. ▶ 마태복음 26:39b

## 내 이름은 고양이입니다

이 책을 읽으시는 분 중에 반려동물과 함께하는 분이 계신가
요? 적지 않을 것 같습니다. 우리나라에 반려인들이 계속 늘어
난다고 하죠. 개인적으로는 고양이와 한 지붕 아래서 살고 있
습니다. 고양이 집사인 셈입니다. 반려동물을 키우다 보면 소

소한 에피소드들이 생깁니다. 아무 곳에나 실례(?)를 하기도 하고, 물건을 물어뜯거나 부수기도 합니다. 전혀 예상치 못한 곳에서 갑자기 튀어나와 사람을 깜짝 놀라게 하기도 하죠.

한번은 고양이가 어떻게 들어갔는지 어느 수납장 안쪽에 갇힌 적이 있었습니다. 이곳은 들어갈 때와는 달리 안에서는 좁고 복잡한 구조로 되어 있어서 나오기가 쉽지 않았나 봅니다. 한참 보이지 않던 녀석이 어디선가 울어 대기 시작했습니다. 애절한 소리가 울려 퍼지는 쪽으로 가 보니 어딘가에 끼어 버렸습니다. 스스로의 힘으로는 나갈 수가 없었던 겁니다. 고양이와 나름의 대화가 이어졌습니다.


고양이: 야옹! 야옹. 야옹.
　(지극히 개인적인 통역: 집사여 날 좀 꺼내 주라! 아니 집사님.
　저를 살려 주세요.)

나: 내가 너를 구원하리라!


결국 바깥 판을 뜯어내고서야 구출할 수 있었습니다. 사람의 입장에서는 엄청난 희생이었습니다. 그 일이 있고 나서 들어가는 길만 있었던 곳에 빠져나올 수 있는 길이 열리게 되었습니다.

# 사람의 시작과 끝

아담의 범죄 이후로 사람이 죽음으로 들어가는 입구는 있지만 나오는 출구는 없었습니다. 그 누구도 죽음의 문제를 해결하지 못했습니다. 돈을 많이 가진 부자도, 권력을 지닌 왕들도, 똑똑한 사람들도 모두 죽음 이후에 펼쳐질 심판을 피할 수 없었습니다.

하지만 이 문제는 예수님의 십자가로 인하여 해결되었습니다.

| 에덴동산 | 십자가 | 요한계시록 |
|---|---|---|
| **저주**를 받다<br>(창세기 3:17) | 다 이루었다<br>(요한복음 19:30) | 다시 **저주**가 없다<br>(요한계시록 22:3) |

에덴동산의 저주가 완전히 해결되었습니다. 골고다 언덕 위에 놓인 예수님의 십자가를 통과하면서 말입니다. 그래서 성경의 마지막에 해당하는 요한계시록에서는 다시는 저주가 없다는 말로 마치게 됩니다. 예수님의 십자가 희생으로 인해 죄와 죽음의 문제가 풀렸다는 것입니다. 첫 아담은 죽음의 문을 열었고, 두 번째 아담이신 예수님은 영원한 생명의 문을 여셨습니다.

# 희생제사의 타임라인

예수님의 십자가를 더 잘 이해하기 위해서는 구약 시대에 있었던 대(大)속죄일에 대해서 알 필요가 있습니다. 속죄란 나의 잘못을 다른 것으로 갚는다는 뜻입니다. 예를 들어 PC방에서 컴퓨터를 망가트렸을 때 집에 있는 컴퓨터를 대신 떼어오거나 그 액수만큼 알바를 하는 것입니다. 물론 돈으로 해결해도 되겠죠.

이스라엘 백성은 1년에 한 번 있는 이 날을 지켜야 했습니다. 속죄일은 대제사장이 이스라엘을 대표해서 희생 제사를 드리면서 이스라엘 전체의 죄가 없어지는 시간입니다. 희생제사의 타임라인을 살펴볼까요.

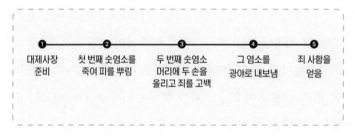

속죄일을 성공적으로 마치기 위해서는 두 가지 조건이 필요합니다. 첫째, 대제사장 자신이 '죄가 하나도 없어야' 합니다. 그래서 본격적인 희생 제사에 앞서 수송아지를 죽여 자신의 죄를 해결해야 했습니다. 둘째, 제물이 '대신 피를 흘려야' 합니다. 이 두 가지는 필수적입니다.

## 예수님과 십자가
### ㄴ죄가 없으신 분이 우리를 대신하여 죽으셨다

이스라엘이 지켜야 했던 속죄일은 본편을 위한 예고편이었습니다. 본편은 예수님의 십자가입니다. 예수님께서 십자가에서 죽으심으로 인해 이스라엘만이 아닌 모든 죄인들의 죄를 없애셨기 때문입니다.

우리의 진정한 대제사장 되시는 예수님은 죄가 하나도 없으셨습니다. 예수님은 에덴동산의 아담과는 차원이 달랐습니다. 아담은 에덴동산에서 하나님의 뜻에 반역했지만 예수님은 겟세마네 동산에서 "아버지의 뜻대로 하시옵소서" ▶마태복음 26:39 고백하며 순종하셨습니다. 이처럼 예수님은 죄가 없으셨을 뿐만 아니라 완전하게 사셨습니다.

예수님이 매달리신 십자가는 아담의 후손인 우리가 올라가야 할 심판대였습니다. 그러나 예수님이 대신 희생제물이 되어 주셨습니다. 죄인을 대신하여 죄를 떠안으셨습니다. 못 박힌 손과 발에서 예수님의 피가 뿜어져 나왔습니다. 비교할 수 없는 그리스도의 희생으로 인해 우리의 죄는 용서받았습니다. 그분은 죽으셨을 뿐만 아니라 부활하셨습니다. 이것은 죽음에 들어가는 길만이 아니라 영원히 사는 길을 열어 주셨음을 의미합니다. 예수님 안에 있는 사람에게 죽음은 끝이 아니라 영원한 기쁨으로 들어가는 새로운 시작이 되었습니다.

## 지금 우리, 그리고 메시지
### └끔찍한 존재임을 기억하자

예수님이 우리를 대신해 십자가에서 죽으신 것은 우리가 끔찍한 존재라는 사실을 알려 줍니다. 두 가지로 정리할 수 있습니다. 첫째, 예수님을 십자가에 못 박을 만큼 끔찍한 죄인입니다. 우리는 스스로가 생각하는 것보다 더 끔찍한 죄인입니다. 둘째, 예수님이 대신해서 죽으실 만큼 끔찍한 사랑을 받은 자녀입니다. 이 두 가지 사실을 기억해야 합니다. 이번 장의 마무리는 조준모 작곡의 찬양《십자가에서》가사가 어울릴 것 같습니다.

십자가에서 그는 내 이름 바꾸셨네
고아에서 아들로 거절에서 용납으로 죄인에서 의인으로
바꾸어 주셨네

십자가에서 그는 내 이름 바꾸셨네
저주에서 축복으로 원수에서 연인으로 창기에서 신부로
바꾸어 주셨네

#### 수천 년 전 십자가의 일이 지금의 나를 살린다는 것을 믿을 수 있을까요?

먼저 왜 믿기지 않는지부터 돌아봐야 합니다. 보통은 그 이유를 네 가지 정도로 정리할 수 있습니다.

① 역사적인 사실일 뿐 우리 영혼과는 별 상관이 없다고 생각한다.
② 십자가를 생각해도 그다지 정서적으로 감동이 생기지 않는다.
③ 성경이 무엇을 말하고자 하는지 큰 관심이 없다.
④ 예수님은 당시의 정치적인 희생양일 뿐이었다고 생각한다.

앞의 ①②③의 특징은 그 기준이 사람에게 있습니다. 무엇을 믿고 안 믿고의 기준이 나 자신에게 있습니다. 그러나 진정한 믿음은 우리가 믿는 분에게 기준이 있습니다. 예를 들어 꽁꽁 얼어 있는 강을 지나간다고 생각해 봅시다. 우리가 이 강을 안전하게 건넜다면, 우리의 믿음이 강하고 약하고에 있지 않습니다. 어떤 사람은 별다른 두려움 없이 여유롭게 건넜을 수도 있고, 어떤 이는 매순간 두려움을 느끼며 건넜을 수도 있죠. 그 강을 건널 수 있었던 것은 얼음의 튼튼함 때문이었습니다. 마찬가지입니다. 우리의 믿음이 강할 수 있고 약할 수 있지만 그것은 부차적인 문제입니다. 믿음에 있어서 가장 중요한 것은 하나님이 십자가를 통해 우리를 구원하시기로 결정하셨고 성취하셨다는 사실입니다. 우리의 믿음은 오직 하나님께 있습니다. 우리의 믿음을 위해 하나님을 신뢰해 보세요. 그분은 충분히 신뢰할 만한 분이십니다. 믿음은 여기에서 출발합니다.

④번은 표면적으로 볼 때는 그럴 듯해 보이지만 사실이 아닙니다. 예수님은 누군가에 의해 억지로 죽으셨기보다는 자발적으로 희생하셨습니다. 먼저 공격하시거나 도망가실 수 있었지만 그렇게 하지 않으셨습니다. 성경의 예언을 이루시기 위해 죽으셨습니다.

**성경, 질문 있습니다!**

**01** 반려동물과 관련한 에피소드를 나눠 볼까요? 꼭 자신과 관련한 이야기가 아니어도 좋습니다.

**02** 성경에서 사도바울은 예수 그리스도의 십자가만을 자랑하겠다고 말합니다. 끔찍한 십자가가 우리의 자랑이 되는 이유는 무엇일까요?

> 그러나 내게는 우리 주 예수 그리스도의 십자가 외에는 결코 자랑할 것이 없습니다.  — 갈라디아서 6:14a

**03** 만약 예수님이 십자가에서 희생당하시는 장면을 중점적으로 그린 영화를 만든다면, 그 영화 제목을 무엇으로 할 건가요? 그 이유도 함께 나눠 봅시다.

# 서로 질문

# 성령님

예루살렘을 떠나지 말고 내게서 들은 바 아버지께서
약속하신 것을 기다리라 ▶ 사도행전 1:4b, 개역개정

## 이 단어들의 공통점은 무엇일까요?

| 창조주 | 생명 | 능력 |
|---|---|---|
| (창세기 1:2) | (창세기 2:7) | (사사기 3:10) |

| 위로자 | 성경 | 인도자 |
|---|---|---|
| (요한복음 14:26) | (디모데후서 3:16) | (요한계시록 21:10) |

## 성령님은 거들 뿐?

공통점은 바로 성령님입니다. 우리가 성경을 읽으면서 쉽게 빠질 수 있는 오류가 있습니다. 성령님 하면 하나님과 예수님에 비해 조연 내지는 엑스트라 정도로 생각하는 것입니다. 마치 만화 《슬램덩크》의 대사 '왼손은 거들 뿐'이라는 말처럼, '성령님은 거들 뿐'이라고 여기는 것이죠.

성령님은 성경의 아웃사이더가 아닙니다. 주인공이십니다. 위의 단어들에서 볼 수 있듯이 성경의 처음부터 끝까지 스토리 전반을 끌어가시는 역할을 하고 계십니다. 무엇보다 성경이 존재할 수 있었던 것은 성령님이 계셨기에 가능했습니다. 성령님께서 무수히 많은 선지자들을 통해 말씀하셨고, 모든 하나님 말씀이 문자로 기록되는 과정 내내 개입하셨기 때문입니다. 그래서 '성령님은 거들 뿐'이 아니라 '성령님은 거둘 뿐'이라고 고백해야 합니다. 우리에게 주시기도 하고 거두기도 하시는 하나님이십니다. 동시에 삼위일체의 하나님이십니다[삼위일체 하나님에 대해서는 《고리를 지켜줘》(믿음 첫 단추 ③)에서 자세히 설명할게요].

## 성령님은 능력이시다

부활하신 예수님은 하늘로 올라가시기 전에 제자들에게 한 가지를 신신당부하셨습니다.

예루살렘을 떠나지 말고 내게서 들은 바 아버지께서

약속하신 것을 기다리라 ▶ 사도행전 1:4b, 개역개정

제자들에게 예루살렘은 하루라도 빨리 벗어나고 싶은 곳이었을지도 모릅니다. 그곳은 예수님이 잔인하게 죽으신 곳이었고, 여전히 예수님에 대한 증오심이 남아 있는 곳이었기 때문입니다. 예수님의 제자라는 이유로 언제 어디서 누구로부터 공격을 받을지 아무도 예측할 수 없었습니다. 안전이 전혀 보장되지 않은 곳이었습니다. 마치 사파리 한가운데서 언제 덮칠지 모르는 맹수들 가까이에 있는 것과 비슷한 상황이었을 겁니다. 이런 그들에게 예수님은 말씀하셨습니다. "하나님이 약속하신 성령님을 기다리라"고 말이죠. 예수님은 "저기로 도망쳐"라고 비상구를 알려 주지 않으셨습니다. "이게 바로 니킥이야"라며 종합 격투기 기술을 전수하지 않으셨습니다. 그저 성령님을 기다리라고 말씀하셨죠. 왜 그러셨을까요? 누가는 그 이유를 조금 더 자세하게 설명합니다. "위로부터 내려오는 능력" ▶ 누가복음 24:49 을 주시기 위해서였습니다. 바로 성령님은 우리에게 능력을 주시는 분입니다.

## 불이야 성령 불이야

예수님이 부활하신 지 50일 되는 날이자, 하늘로 올라가신 지 10일째 되는 날에 오순절이라는 축제(절기)가 열렸습니다. 마

가라는 사람의 다락방에 모인 120여 명의 크리스천에게 성령님이 임하셨습니다. 처음으로 그리스도인들에게 임하셨던 것입니다.

## 모두에게 임하시는 성령님

모여 있는 사람에게 불이 임했습니다. 그 불이 갈라져 각 사람들 위에 머물렀습니다▶사도행전 2:3. 그런데 아무도 화상을 입지 않았습니다. 이 장면은 구약성경에서 모세가 보았던 불타는 떨기나무를 연상시킵니다. 하나님은 자신이 함께하심(임재)을 이런 광경으로 보여 주셨습니다. 당시 떨기나무에는 불이 붙었지만 타거나 재가 되지 않았습니다. 마찬가지로 마가의 다락방에 있는 이들에게 불이 임했지만 조금의 해를 입지 않았던 겁니다. 이것은 성령님의 임재가 그들에게 임했음을 알려 줍니다. 구약성경에는 성령님이 주로 특정한 인물(모세, 선지자 등)을 중심으로 임하셨다면, 이제는 모든 이들에게 오셨음을 알 수 있습니다.

### 예수님과 성령님
#### └살리는 일을 하시는 하나님

마가의 다락방에서 성령님의 강력한 임재를 경험한 이들은 입을 열어 말하기 시작합니다. 이제껏 한 번도 배우지 않았던 언어로 말입니다. 마치 한국어만 알고 있던 사람이 갑자기

유창한 태국어나 프랑스어로 말하고 있는 셈입니다. 이들은 스스로 엄청나게 놀랐을 겁니다.

더 크게 놀란 사람들이 있습니다. 당시 오순절을 기념하러 예루살렘으로 온 방문객들입니다. 아시아, 중동, 아프리카, 유럽에서 온 사람들▸사도행전 2:9-11은 모두 어리둥절했습니다. 마가의 다락방에서 흘러나오는 말들이 자기가 태어난 나라의 언어였기 때문입니다. 그 순간은 언어의 장벽이 사라졌습니다.

이 장면은 구약성경에서 하나님이 바벨탑을 짓는 사람들의 언어를 흩으신 것을 떠올리게 합니다. 당시에는 언어가 하나였습니다. 그때는 외국어 공부를 하거나 통역 어플을 사용할 필요가 없었죠. 하지만 언어가 하나인 것은 사람에게 좋지 않았습니다. 모두가 힘을 합쳐 바벨탑을 쌓고 하나님께 도전했기 때문입니다. 하나의 언어를 다양하게 흩으신 것은 반역에 대한 심판이었습니다. 그리고 인간이 욕심에 의해 멸망하지 않도록 하신 하나님의 배려였을지도 모릅니다.

마가의 다락방에 성령님이 오신 이후에 전 세계의 사람들에게 예수님이 전해지기 시작했습니다. 바벨탑에서의 언어는 사람을 망하게 했습니다. 성령님에 의해 전파된 예수님의 복음은 사람을 살리게 했습니다. 마가의 다락방에 성령님이 이끌어 가시는 성령행전은 살림행전이었습니다.

사람을 죽이는 일에 두드러지게 최선을 다했던 인물이 있었습니다. 사울입니다. 예수님을 믿는 사람들을 증오하고 핍박

4부 다섯 가지 키워드로 알아보는 신약성경

하는 일에 둘째가라면 서러울 사람이었습니다. 하루는 예수님을 믿는 사람을 잡기 위해 먼 거리를 이동하는 중이었습니다. 그 길 위에서 예수님은 사울을 만나 주십니다. 이 만남으로 인해 사울이었던 이름을 그리스식인 바울(작은 자)이라는 이름으로 바꿉니다. 사람들을 죽이는 삶이 다른 이들을 살리는 삶으로 전환된 것입니다. 그는 로마에 있는 성도들에게 편지를 보내며 예수님과 성령님에 대해 이렇게 고백합니다.

> 그러므로 이제 그리스도 예수 안에 있는 사람들은
> 정죄를 받지 않습니다. 이는 그리스도 예수 안에 있는
> 생명의 성령의 법이 죄와 죽음의 법에서 여러분을
> 해방했기 때문입니다 ▶ 로마서 8:1-2

### 지금 우리, 그리고 메시지
#### ㄴ살리는 사람이 되어 주세요

우리는 성령님의 사람들입니다. 성령님이 아니면 어떤 사람도 예수님을 주님으로 부를 수 없기 때문이죠. 이것은 우리가 자격을 갖추었기 때문이 아닙니다. 성령님이 오신다고 약속하셨고 그 약속을 지키셔서 가능했습니다. 성령님은 예수님 안에서 사람을 살리시는 일을 하십니다. 그래서 성령의 사람은 다른 이들의 마음과 영혼을 죽이는 사람이 아니라 살리는 사람이어야 합니다.

어느 대학교에서 있었던 일입니다. 입학생 중에 마흔이

훌쩍 넘은 노총각이 있었습니다. 다른 분들보다 스무 살 정도 늦게 입학을 한 것이죠. 사람들 사이에서는 성령 충만한 사람으로 알려져 있었습니다. 틈만 나면 기도하고 성경을 읽었습니다. 가끔 식사까지 거르면서 기도를 하기도 했습니다. 한번은 해프닝이 있었습니다. 스무 살 어린 여학생에게 사랑을 고백한 것입니다. "성령님이 너와 결혼하라고 하셨어!"라는 멘트와 함께 말이죠. 문제는 이 일이 한 번의 해프닝으로 끝나지 않았다는 것입니다. 알고 보니 동시에 기독교 동아리의 여러 여학생들에게 같은 멘트로 고백했다는 사실이 드러났습니다. 많은 학생들은 상처를 입었고 결국 그 동아리는 해체되고 말았습니다. 이분은 진정 성령의 사람이었을까요? 아닙니다. 성령님은 어장관리자가 아니실 뿐더러 마음과 영혼을 해하는 분이 아니시기 때문입니다. 성경을 읽고 기도를 열심히 한 것은 성령님을 따르기 위해서라기보다 자신의 욕심을 위해서였을 것입니다.

우리는 일상 속에서 많은 사람들과 더불어 살아갑니다. 크게는 집, 학교나 직장, 교회에서 사람들을 만나죠. SNS와 같은 온라인에서도 소통합니다. 다양한 이들과 부대끼며 살아가다 보면 누군가를 비난하고, 험담하고, 미워할 일이 생깁니다. 때로는 서로 다툴 수도 있습니다. 그러나 기억해야 합니다. 복음으로 살리는 이로 부름을 받았다는 사실을 말입니다.

'우리의 말과 행동을 조심해야 합니다' 류의 말은 기독교 교리의 핵심은 아닙니다. 그렇다고 관련이 없지는 않습니다. 누군가의 마음과 영혼을 죽이려는 괴물적인 말과 행동에 스스로 조금씩 내어 주다 보면 어느새 괴물이 되어 있는 자신을 발견하게 될 것입니다. 세상은 우리라는 창문을 통해 하나님을 봅니다. 다른 이들을 성령님과 함께 복음으로 살려 주세요.

성령님의 인도하심을 받는 삶은 단 한 번의 노력으로 되지 않습니다. 끊임없는 자기 훈련이 필요합니다. 유진 피터슨은 책《한 길 가는 순례자》에서 '한 방향으로의 오랜 순종'이라고 표현했죠. 예배나 집회에서뿐만 아니라 우리의 일상에서 끊임없이 성령님을 향해서 순종하는 것이 필요합니다.

이를 위해 한 가지 방법을 공유하고 싶습니다. 바로 자주 묻는 것입니다. 예를 들어 어떤 유혹이 찾아온다면 우리의 욕망에만 귀를 기울이지 말고, 성령님께 묻는 것입니다. '성령님, 이렇게 하는 것이 맞을까요?', '성령님, 제가 어떡하면 좋을까요?'라고 말이죠.

우리의 일상 속에서도 묻는 태도는 아주 중요합니다. 성경 읽기는 단순히 책을 읽는 행동만은 아닙니다. 성경을 읽으면서도 자주 질문을 던져 보기를 추천드립니다. '성령님, 말씀을 통해 깨달아야 할 것은 무엇인가요?', '순종해야 할 것은 무엇인가요?'라고 말이죠.

기도와 성경만이 아니라 주위 믿음의 멘토들에게 묻는 것도 도움이 됩니다. "이런 상황에서 제가 어떻게 해야 하나님의 뜻을 이루는 것일까요?"라고 말이죠. 주위 사람들에게 묻는 것은 독선적인 확신 안에 갇히지 않도록 도와줍니다.

**성경, 질문 있습니다!**

**01** '성령 충만' 하면 우리 주위에 누가 가장 먼저 떠오르나요? 그 이유도 말해 봅시다.

**02** 성경에서는 성령의 열매가 우리의 인격과 밀접하게 관련되어 있음을 알려 줍니다. 성령님께서는 우리를 거룩하게 변화시키시는 분이라는 것이죠. 아래의 성령의 열매 중에 내가 조금 더 변화되었으면 하는 부분은 무엇인가요?

> 성령의 열매는 사랑과 기쁨과 화평과 오래 참음과 친절과 선함과 신실함과 온유와 절제입니다. 이런 것들을 금지할 율법은 없습니다. — 갈라디아서 5:22-23

**03** 요즘 성령님께 꼭 묻고 행동(또는 선택)해야겠다고 생각하는 것이 있다면 무엇인지 나눠 봅시다.

**서로 질문**

안디옥에서 제자들은 처음으로 '그리스도의
사람'이라고 불리게 됐습니다. ▶ 사도행전 11:26b

## 최고의 여인에게 이 노래를 바칩니다

개인적으로 인생 뮤지컬이 있다면 돈키호테의 이야기를 다룬
《맨 오브 라만차》를 꼽습니다. 매번 공연이 열릴 때마다 꼭 챙
겨 볼 정도죠. 이 작품을 볼 때마다 늘 감동하는 지점이 있습
니다. 돈키호테와 어느 여인이 만나는 장면입니다. 돈키호테
가 어느 동네에 방문했습니다. 그곳에는 사람들에게 조롱당하

는 여인이 있습니다. 이름도 '비천하다'는 뜻의 알돈자였죠. 돈키호테는 그 여인을 향해 알돈자라고 부르지 않고, '둘시네아'라고 부릅니다. '최고의 여인'이라는 뜻이죠. 예상대로 그 동네에 모여 있는 사람들은 배꼽을 잡고 웃습니다. 마치 중요한 시험에 떨어져 자존감도 함께 바닥을 치고 있는 사람에게 "경축, 수석합격자!"라고 하거나, 이성에게 차여 괴로워하는 사람에게 "베스트 커플"이라고 말하는 것과 비슷한 상황입니다.

알돈자는 불같이 화를 내며 돈키호테를 내쫓습니다. 거듭해서 자신은 최고의 여인이 아니라 비천한 여인이라고 소리를 칩니다. 그러나 돈키호테는 포기하지 않습니다. 끊임없이 알돈자를 찾아와서 노래를 부릅니다. 가사의 일부분은 이렇습니다.

둘시네아 둘시네아
하늘에서 내린 여인 둘시네아
천사의 속삭임 같은 그대 이름
둘시네아 둘시네아

## 교회, 최고의 신부

돈키호테는 알돈자를 놀리기 위해서 이러는 걸까요? 아닙니다. 그녀는 비천한 사람이 아니라 너무나 소중한 존재임을 알리기 위해서였습니다. 그는 알돈자로부터 무시를 당해도, 사람들에게 조롱을 받고 두들겨 맞아도 끊임없이 찾아와 노래를 불렀습니다. 당신은 세상 누구와도 바꿀 수 없는 최고의 여인이라고 말이죠.

매번 그 장면을 보면서 마치 예수님이 교회를 향해 하시는 말씀처럼 느껴집니다. 2000년 전, 교회는 사람들에게 알돈자로 취급받았습니다. 마치 벌레를 대하듯 경멸하고, 죽이려 들었습니다. 로마 황제가 바뀔 때마다 경쟁이라도 하듯 핍박했습니다. 사람들이 휘두르는 폭력에 자신을 보호할 아무 장비 없이 그저 당해야만 했습니다. 교회는 이렇게 비천한 존재로 여김을 받았습니다.

예수님은 교회를 둘시네아로 대하셨습니다. 최고의 존재로 여기셨죠. 어느 정도였을까요? 교회를 거룩한 신부로 여겨 주실 정도입니다. 성경은 예수님과 교회를 부부 사이로 묘사 ▶에베소서 5:24; 요한계시록 19:7 하기 때문입니다. 사도바울은 교회에 대해 말할 때, 거룩한 성도로 부름받은 자들이라고 말하죠. 예수님께 선택받은 순결한 신부임을 강조한 것입니다.

## 루시퍼 이펙트, 죄의 영향을 받는 교회?

모든 교회가 하나님 앞에 소중한 존재인 것은 변함이 없습니다. 그러나 차이점은 분명히 있습니다. 칭찬받는 교회가 될 수도 있고, 책망받는 교회가 될 수도 있습니다. 누구의 영향을 받는가에 따라 말입니다. 우리가 살아가는 이 세상은 사탄의 영향이 가득한 곳입니다.

만약 우리가 어느 섬이나 밀폐된 건물에서 다양한 사람들과 함께 서바이벌 게임을 한다고 가정해 볼까요? 특히 그곳의 질서를 유지해야 하는 지위를 부여받았다고 해봅시다. 이 역할에는 힘으로 상대방을 제압할 수 있는 자유가 주어져 있습니다. 그런데 만일 다른 이들이 나를 인정해 주지 않거나 나의 권위를 무시한다면 우리는 끝까지 상대방을 인격적으로 대할 수 있을까요? 나에게는 그들을 마음대로 대할 수 있는 힘이 있는데 말이죠.

비슷한 주제의 실험이 있었습니다. 필립 짐바르도의 책 《루시퍼 이펙트》에서 소개된 내용입니다. 스탠퍼드 대학교에서 가짜 지하 교도소를 만들어 진행한 실험이었습니다(영화로도 소개되었죠). 자원한 24명의 대학생들에게 랜덤으로 교도관과 죄수 역할을 부여했습니다. 2주 일정으로 기획한 이 실험은 일주일도 못 가서 중단해야 했습니다. 교도관의 역할을 맡은 학생들이 죄수 역할을 하는 이들을 괴롭히고 학대하는 정도가 매우 심했기 때문입니다. 처음에는 서로를 배려하는 자세로 대했겠지만 시간이 지나 자기중심성에 사로잡히게 됩니다. 점점 더 서로를 폭력적이고 야만적으로 대하게 되는 것이죠. 이 실험은 누구도 악의 영향에서 자유로울 수 없음을 말해 줍니다. 이렇게 사람은 사탄의 영향을 받는다고 해서, 책의 제목을 《루시퍼 이펙트》라고 지은 것입니다.

세상에서 좋지 않은 영향을 많이 받았던 교회가 있습니

다. 대표적으로 고린도교회입니다. 오죽했으면 사도바울이 그들에게 보내는 편지에서 '예수님을 모르는 사람도 안 하는 짓'을 한다며 꾸짖었을 정도입니다. 성적으로 타락하는 일이 생기기도 하고, 서로 그룹을 나눠서 싸우기도 했습니다. 세상에 선한 영향을 준 것이 아니라, 세상의 악한 영향을 받았던 것입니다. 그리스도의 신부였지만 스스로 비천하게 되었습니다.

### 예수님과 교회
#### ㄴ지저스 이펙트

존귀한 신부는 오직 예수님께 영향을 받으려 애쓰는 교회입니다. 성경에서는 안디옥교회가 대표적입니다. 이 교회는 유대인 출신이 아니라 처음 전도되어 온 사람들이 많았습니다. 신앙에 있어서는 초보자들이 많았다는 것이죠. 그러나 안디옥교회는 열심히 예수님에 대해서 배우고 복음을 전하는 교회였습니다. 사도바울의 선교에도 최선을 다해 함께했습니다. 성경은 안디옥교회에 대해 다음과 같이 말씀합니다.

> 안디옥에서 제자들은 처음으로 '그리스도의
> 사람'이라고 불리게 됐습니다. ▸ 사도행전 11:26b

안디옥교회는 세상이 아닌 예수님께 영향을 받았습니다. 처음으로 이 교회를 통해 그리스도인이라는 말이 생겨났기 때문입니다. 그래서 지금도 많은 교회들은 안디옥교회를 본받으려 합니다. 실례로, 아무 내비게이션 어플을 켜서 목적지에 '안디옥교회'라고 치면 우리나라에 셀 수 없이 많은 안디옥교회가 있음을 알 수 있습니다. 지역마다 없는 곳이 없을 정도입니다(참고로 고린도교회는 한 곳도 나오지 않죠. feat. 티맵).

## 지금 우리, 그리고 메시지
### └당신이 바로 교회입니다

위에서 소개한 뮤지컬은 돈키호테가 임종을 맞이하면서 끝을 맺습니다. 제자 산초에게 그의 죽음에 대한 소식을 전해 들었던 알돈자가 말합니다. "돈키호테는 죽고 사라진 것이 아니라 제 마음속에 살아 있습니다." 그리고 이어 고백합니다.

저를 더 이상 비천한 알돈자로 부르지 말아 주세요. 저의
    이름은 존귀한 둘시네아입니다.

만약 이 뮤지컬의 후속작이 만들어진다면 제2의 돈키호테로 살아가는 둘시네아의 이야기가 될 것입니다.

우리는 '교회를 다니는 사람'이 아니라 '교회'입니다. 우리는 자신이 생각하는 것보다 크고 귀중한 존재입니다. 단순히 좋은 교회를 다닌다, 안 다닌다의 문제가 아닙니다. 존재 자체가 하나님께는 너무나 소중한 사람들입니다. 교회 된 우리를 신부로 삼아 주시고 희생해 주신 분이 누구와도 비교할 수 없을 정도로 크고 귀중하신 예수님이시기 때문입니다. 교회

된 우리가 가장 빛나는 순간은 언제일까요? 사탄의 영향이 가
득한 세상에서 존귀한 예수님의 영향을 받기로 결단하는 신부
의 삶을 선택하는 것 아닐까요?

성경이 불평등을 부추긴다고 주장하는 사람들의 근거는 크게 두 가지입니다. 그것을 하나씩 살펴보면서 과연 성경이 불평등을 부추기는지를 알아봅시다.

첫째, 신약성경에 나온 "남편은 아내의 머리"이며 "아내는 남편에게 복종하라"는 말씀(에베소서 5:22-23)을 들 수 있습니다. 이것은 남성이 갑이고, 여성은 을이라는 말씀이 아닙니다. 서로의 역할이 다름을 말씀하시는 겁니다. 여성은 남성의 권위를 인정하는 역할을 잘 수행하고, 남성은 여성을 사랑하고 보호하는 역할을 잘 수행하라는 것입니다. 그래서 성경에서는 예수님께서 교회를 위해 희생하신 것 같이, 남편이 아내를 위해 희생해야 한다고 말씀합니다.

둘째, 신약성경에서 "여성은 교회에서 잠잠하라"는 말씀(고린도전서 14:34)을 들 수 있습니다. 이것은 교회 전체를 의미한다고 생각하지 않습니다. 고린도교회의 특정한 여성입니다. 왜냐하면 성경에서는 다음과 같이 말씀하기 때문입니다.

> 너희는 유대인이나 헬라인이나 종이나 자유인이나 남자나 여자나 다 그리스도 예수 안에서 하나이니라 ▶ 갈라디아서 3:28, 개역개정

신약성경이 쓰인 1세기 당시에는 여성의 인권이 바닥이었습니다. 당시 남성들은 지나가는 여성과 인사나 대화를 나누는 것도 꺼렸습니다. 법정에서도 여성의 증언은 아무런 효력이 없을 정도였죠. 하지만 부활의 첫 증인은 여성이었습니다. 그만큼 중요한 역할을 했던 겁니다. 성경이 불평등을 부추긴다는 말은 맞지 않습니다. 성경의 정신을 뿌리로 한 유럽과 이슬람의 코란을 뿌리로 한 이란의 남녀평등의 차이만 놓고 봐도 알 수 있습니다.

**성경, 질문 있습니다!**

**01** 지금껏 만나 온 사람 중에 내게 가장 많은 영향을 주었던 분은 누구입니까? 좋은 영향을 주었던 분과 좋지 않은 영향을 주었던 분을 나눠 봅시다. 그 이유까지요.

**02** 성경은 사탄의 권세가 교회를 이길 수 없다고 말씀합니다. 예수님은 베드로의 믿음 고백 위에 교회를 세우셨습니다. 내가 교회로서 더욱 예수님께 영향을 받기 위해서 지금 포기해야 할 것은 무엇인가요?

> 내가 이 반석 위에 내 교회를 세울 것이니 지옥의 문들이 이것을 이길 수 없을 것이다. —마태복음 16:18b

**03** 요즘 내가 세상에서 가장 많은 영향을 받는 것은 무엇인가요? 그것이 교회로서의 정체성을 가지고 살아가는 데 어떤 영향을 주나요?

# 서로 질문

# 17

## 요한계시록

눈을 들어 진짜 왕을 바라보라

> 그들의 눈에서 모든 눈물을 닦아 주실 것이며 더 이상 죽음이 없고 다시는 슬픔이나 우는 것이나 아픈 것이 없을 것이다. 이는 처음 것들이 지나갔기 때문이다.
>
> ▶ 요한계시록 21:4

## 크앙(내가 여기 있다)

오래전 아주 감동적으로 봤던 영화가 있습니다. 《베어》라는 영화인데요. 실제 곰들이 연기를 펼친 것으로 유명합니다(그래서 촬영 기간만 10년 가까이 걸렸다고 하죠). 한 아기 곰이 사고로 인해 엄마 곰을 잃고 홀로서기를 위해 길을 떠나면서 스토리는 시작됩니다. 아기 곰 혼자서 살아가기에는 환경이 만만치 않았겠죠. 장기간 먹이를 구하지 못하기도 하고 위험한 상황에 처하기도 합니다. 다행히 구원자를 만나게 됩니다. 크고 용맹한 어른 곰을 만나게 된 것이죠. 덕분에 생존을 위한 여러 방법들을 배우게 됩니다. 함께 먹이를 잡기도 하고, 위험한 상황을 이겨 내기도 합니다.

이 영화에서 감동적인 순간들이 많지만 개인적으로는 아기 곰이 맹수와 마주했을 때의 장면입니다. 홀로 길을 가던 아기 곰은 깜짝 놀라게 됩니다. 맹수인 퓨마가 자신을 해치기 위해 이빨을 드러내며 다가오고 있었던 것이죠. 도망쳐 봤지만 역부족이었습니다. 코너에 몰린 아기 곰은 최후의 방법으로 앞발을 휘두르며 소리를 쳤습니다.

아기 곰: 앙! 앙! 앙!
(지극히 개인적인 통역: 나의 펀치를 받아라. 얍! 얍! 얍!)

아기 곰이 귀여운 소리와 함께 앙증맞은 앞발을 휘두를 때 맹수는 얼마나 가소롭게 생각했을까요. 하지만 크게 당황하며 뒷걸음질합니다. 결국 재빠르게 도망을 갑니다. 알고 봤더니 아기 곰 뒤에서 어른 곰이 거대한 앞발을 들어 올리며 소리를 지르고 있었기 때문입니다.

어른 곰: 크앙!

(지극히 개인적인 통역: 내가 여기 있다!)

## 맹수들 앞에 선 그리스도인들

성경의 마지막 책은 요한계시록입니다. 이 책이 기록될 당시에 그리스도인들은 아기 곰과 같은 처지였습니다. 복음이 전해지고 곳곳에 교회가 세워졌지만 세상은 점점 교회를 향해 포악해져 갔습니다. 교회는 종교적인 권력을 쥐고 있는 유대교와 군사적인 힘을 휘두르고 있는 로마제국 양쪽에서 공격을 받았습니다. 마치 여러 맹수들에게 둘러싸여 공격을 받는 것처럼 말이죠. 특히 로마제국의 핍박은 말로 다할 수 없을 정도였습니다. 네로 황제(로마제국 5대 황제)는 그리스도인들을 악랄하게 죽인 것으로 유명하죠. 로마에 대형 화재가 났을 때 그리스도인들이 작당한 일이라고 덮어씌웠습니다. 많은 이들이 잔인하게 희생되었습니다. 그리스도인들을 맹수의 먹이로 던지기도 하고, 기둥에 매달아 불을 지르고는 인간 가로등으로 쓰기도 했습니다. 네로의 통치기간에 베드로와 바울이 희생된 것으로 전해집니다.

## 나는 알파와 오메가다

로마제국은 정복한 나라의 종교에 있어서는 관대한 편이었습니다. 그래서 유대교도 유지될 수 있었던 것이죠. 하지만 그리스도인들에게만큼은 예외였습니다. 황제를 섬기지 않고 예수님만을 섬겼기 때문입니다. 도미티아누스 황제(네로 다음 황제)는 자신을 신이라고 공식적으로 발표했습니다. 황제를 신으로 예배하라는 명령 앞에 그리스도인들은 굴복하지 않았죠. 도리어 오직 예수님만이 주인이심을 선포했습니다. 당시 세상 사람들의 눈에는 아기 곰이 맹수를 향해 약하디약한 앞발을 휘두르는 것처럼 무의미하게 보였을 것입니다. 그 결과 그리스도인들은 잔인하게 죽어 나갔습니다. 남은 사람들은 지하 무덤으로 숨어들어가 카타콤 교회를 이루었죠. 도미티아누스의 통치 기간에 마지막 남은 사도인 요한까지 밧모섬이라는 곳에 유배를 가게 되었습니다.

'THE END' 이제 교회를 끝장내고야 말겠다.

온 세상이 앞다퉈 교회를 제거하려 했던 그때에, 밧모섬에 갇혀 있던 사도요한에게 하나님의 말씀이 임합니다.

주 하나님이 이르시되 나는 알파와 오메가라 이제도
있고 전에도 있었고 장차 올 자요 전능한 자라
하시더라 ▶ 요한계시록 1:8, 개역개정

영화에서 아기 곰이 맹수를 마주하고 있는 상황을 떠올리게 합니다. 마치 뒤에서 어른 곰이 앞발을 들어 올리며 강하게 소리쳤던 것처럼, 하나님이 이렇게 말씀하시는 것 같습니다.

'THE END' 끝은 교회가 아니라 이 세상이다. 곧 진짜 왕이 갈 것이다!

사람들이 흔히 '주인공은 가장 나중에 등장한다'라는 말을 합니다. 이처럼 세상의 주인공은 로마황제가 아니라 바로 하나님이심을 선포합니다. 반전의 드라마가 시작됩니다.

## 교회를 교회 되게 하시는 말씀

이 요한계시록은 당시 교회들에게 주시는 말씀입니다. 로마의 통치를 받는 일곱 도시의 교회들입니다. 에베소교회, 서머나 교회, 버가모교회, 두아디라교회, 사데교회, 빌라델비아교회, 라오디게아교회입니다.

일곱 교회와 관련해서 두 가지 문제를 해결할 필요가 있습니다.

### 왜 꼭 일곱 교회인가?

요한계시록을 일곱 교회에만 해당되는 말씀으로 오해할 수 있습니다. 그렇지 않습니다. 이 교회들은 지리적인 이점을 지니고 있었습니다. 말씀이 원활하게 잘 전달될 수 있는 도시에 있는 교회였기 때문입니다. 일곱 교회를 위한 말씀이었지만 동시에 모든 그리스도인들을 향한 말씀이었던 것이죠.

### 왜 상징이 많은가?

요한계시록에는 많은 상징이 등장합니다. 용, 뱀, 사자, 어린양 등입니다. 많은 이단들은 이 상징들을 자신의 입맛대로 사용하죠. 사람들에게 겁을 주거나 미혹하는 일에 이용합니다. 이것은 당시의 교회들에 대한 배려였습니다. 로마의 잔혹한 폭력에 항상 노출되어 있는 교회들이 더 큰 어려움에 빠지지 않도록 주신 일종의 암호였던 것이죠. 이 편지를 받아 본 그리스도인들은 무슨 뜻인지 바로 이해할 수 있었을 것입니다. 그들은 이렇게 느꼈을 겁니다. '진짜 왕이 오신다. 믿음으로 참고 버티자!'

예수님과 요한계시록
└완성하시는 어린양

예수님이 다시 오실 때 이 세상은 종말을 맞이하게 될 것입니다. 마지막 때에 세상은 파괴될 것입니다. 더 정확하게 말하자면 파괴가 파괴될 것입니다. 하나님의 완벽한 작품인 세상을 파괴하고 병들게 만들었던 악의 세력이 완전히 파괴될 것입니다. 그리고 다시 완전하게 회복될 것입니다. 구약성경에서 이 날에 일어날 일을 미리 예고편으로 보여 주셨죠.

> 늑대가 어린양과 함께 살고 표범이 새끼 염소와 함께
> 누우며 송아지와 어린 사자와 살진 짐승이 함께
> 있는데 어린아이가 그들을 이끌고 다닐 것이다.
> ▶ 이사야 11:6

이 예언이 다음과 같이 실제가 될 것임을 알려 줍니다.

> 그들의 눈에서 모든 눈물을 닦아 주실 것이며 더 이상
> 죽음이 없고 다시는 슬픔이나 우는 것이나 아픈 것이
> 없을 것이다. 이는 처음 것들이 지나갔기 때문이다.
> ▶ 요한계시록 21:4

요한계시록에서 꼭 주목해야 할 단어가 있다면 '어린양'입니다. 사자▶요한계시록 5:5이신 예수님이 어린양▶요한계시록 5:12이

되셨습니다. 가장 강하신 분이 가장 연약한 존재가 되신 것이죠. 죄로 파괴된 세상에서는 힘으로 다른 이들을 굴복시킵니다. 그러나 또 다른 힘이 나타나 그 전의 힘을 굴복시키는 악순환이 반복되죠. 하지만 예수님은 스스로를 낮추셔서 선으로 악을 이기셨습니다. 악의 세력을 완전히 심판하시고 세상을 다시 새롭게 완성하실 것입니다.

## 지금 우리, 그리고 메시지
### └눈을 들어 진짜를 바라보라

해외의 동물원에 가 보면 코끼리의 한쪽 발이 쇠사슬에 묶여 있는 모습을 볼 때가 있습니다. 큰 덩치를 지닌 코끼리가 비교할 수 없이 작은 사슬에 붙잡혀 있는 것이죠. 왜 그럴까요? 조금만 힘을 주면 손쉽게 끊을 수 있을 텐데요. 그 이유는 아기 코끼리 때부터 쇠사슬에 묶여 있었기 때문입니다. 그 사슬로부터 빠져나오기 위해 애를 쓰지만 실패를 반복할 때 결국 심리적으로 붙잡히고 마는 겁니다. 큰 코끼리가 되어서도 묶여 있게 되는 것이죠. 이것을 '학습된 무기력'이라고 말합니다.

여러분에게 있어서 학습된 무기력은 무엇인가요? 과거의 어떤 경험이, 어떤 실패가, 어떤 말이 지금의 여러분들을 옴짝달싹 못 하게 붙잡고 있나요? 그것을 진짜로 받아들이게 되면 깨닫게 될 것입니다. 그 사슬과 내가 하나 되어 있다는 것을요. 그리고 우리 내면에 이렇게 속삭일 겁니다. '너는 보잘것없는 존재야', '네 인생은 불안 그 자체야', '넌 루저야'라고 말이죠. 그러나 지금 여러분을 묶고 있는 게 무엇이든 전부 가짜입니다. 진짜 여러분들이 아닙니다. 믿음의 눈을 들어 진짜이신 하나님을 바라보세요. 성경을 펼쳐서 진짜 음성을 들어야 합니다. 그럴 때 알게 될 것입니다. 우리를 붙들고 계시는 분은 진짜 왕이신 하나님이심을 말입니다. 크앙! (내가 여기 있다!)

'오전 내내 기도' 잠깐 쉬었다가
'오후 내내 성가대' 그리고 한숨 돌리고
'저녁 내내 예배'

우리가 보통 천국에서 하는 일이라고 오해하는 것들입니다. 적지 않은 사람들이 걱정 어린 말투로 말합니다. "그런 곳은 너무 재미가 없을 것 같아요." 유튜브나 게임, 드라마나 예능이 없이 사는 곳을 상상할 수 없다는 사람들도 있죠. 천국이 마치 고문 같을 것이라는 말이 어느 정도 이해가 갑니다.

천국이 지루한 곳이라는 건 말 그대로 오해입니다. 왜냐하면 하나님은 지루한 분이 아니시기 때문입니다. 성경을 통해서 경험하는 하나님은 역동적인 분이십니다. 하나님이 만드신 흥미진진하고 다양한 창조세계만 봐도 알 수 있습니다. 그래서 다윗은 다음과 같이 고백합니다.

주께서 내게 생명의 길을 보여 주시리니 주 앞에서는 기쁨이 항상 넘칠 것이요, 주의 오른손에는 영원한 즐거움이 있을 것입니다. ▶시편 16:11

에덴동산에서 아담은 조금도 지루하지 않았을 것입니다. 하나님은 아담에게 창조물을 보호하고 돌보는 일을 맡겨 주셨습니다. 심지어 이름을 짓는 일까지도 맡겨 주셨죠. 다른 말로 하나님은 아담을 매니저로 삼아 주셨습니다. 게임이나 영상도 계속되면 지루합니다. 그러나 의미와 가치 있는 일은 지루하지 않습니다. 에덴동산은 사람에게 재미있는 곳이었습니다. 천국은 분명 재미없는 곳이 아닐 것입니다. 걱정 마세요.

**성경, 질문 있습니다!**

01  '요한계시록' 하면 가장 먼저 떠오르는 생각을 한 단어로 표현
    해 봅시다.


02  성경에서는 예수님이 곧 오실 것이라고 약속하셨습니다. 그날
    이 언제일지는 모르지만 확실히 오실 것입니다. 만약 그날이 내
    일 저녁이라면, 나는 오늘 어떤 삶을 살 건가요?

> 보라. 내가 속히 갈 것이다. 이 책의 예언의 말씀들을 지키는
> 사람은 복이 있다.  — 요한계시록 22:7


03  예수님이 다시 오실 때, 눈물과 고통은 사라질 것입니다. 내게
    서 어떤 고통이 사라지기를 기대하시나요?

**서로 질문**

성경을
어떻게
잘 읽을 수
있을까
?

# 1분 성경 소개

## ☞ 예수님의 이름(별명)들

성경에는 예수님이 자신을 부르는 닉네임들이 있습니다. 일종의
자기소개이죠. 그 별명들은 예수님을 더 잘 알 수 있도록 도와줍니다.

**나는 생명의 떡이다** ¦ 우리의 근본적인 필요를 채우심
예수님은 우리 삶의 가장 근본적인 필요를 채우시는 분이다.

**나는 세상의 빛이다** ¦ 우리의 갈 길을 인도하심
예수님은 우리가 어둠 속에서도 길을 잃지 않도록 인도하시는 분이다.

**나는 선한 목자다** ¦ 우리를 위해 자신의 목숨을 버리심
예수님은 우리를 구하시기 위해서 자신의 목숨을 버리시는 분이다.

**나는 부활이요 생명이다** ¦ 영원한 생명을 살게 하시는 분
예수님은 죽음이 끝이 아니라 영원한 시작이 되게 하시는 분이다.

**나는 길이요 진리요 생명이다** ¦ 우리에게 구원이 되시는 분
예수님은 우리가 구원을 얻을 수 있는 유일한 통로이시다.

**나는 참 포도나무이다** ¦ 우리 삶에 진정한 열매를 맺게 하시는 분
예수님은 우리가 삶에서 건강한 영적 열매를 맺게 하시는 분이다.

**나는 알파와 오메가이다** ¦ 우리와 이 우주의 시작과 끝이 되시는 분
하나님은 우리와 이 세계를 시작하셨고 최종적으로 완성하시는 분이다.

# 성경 단어 번역기

❶ **의롭다** ⇌ 하나님과의 관계가 올바르다.

❷ **영광스럽다** ⇌ 세상에서 가장 무겁고(값지고) 가장 훌륭하다는 것을 인정한다.

❸ **진리이다** ⇌ 언제(시간) 어디서나(장소) 누구에게나(사람) 틀림없이 통한다.

❹ **헌금하다** ⇌ 우리의 모든 것이 하나님의 것임을 인정하고 감사하는 마음으로 드린다.

❺ **은사를 가졌다** ⇌ 다른 사람을 잘 섬기고 공동체에 유익을 끼치도록 주신 재능을 가졌다.

### 성경의 화폐 종류 ⊕

- 렙돈: 고대 그리스에서 사용한 가장 작은 단위의 동전이다.
- 데나리온: 고대 로마에서 사용한 동전이다. 보통 한 데나리온은 노동자의 하루 일당이었다.
- 세겔: 무게로 정하는 화폐이다. 보통 한 세겔의 무게는 11g 정도이다. 종류는 은과 금 두 가지이다. 금으로 된 세겔은 은으로 된 것에 비해 15배 정도의 가치를 지닌다. 가룟 유다는 예수님을 은 30세겔에 팔았다. 이것은 하인이 동물에 의해 죽었을 때 그 주인에게 배상하는 금액이다.
- 달란트: 무게로 정하는 화폐 중의 최대 단위이다. 1달란트의 가치는 3,000세겔의 가치를 지닐 만큼 큰 화폐이다. 이 금액은 보통 노동자의 20년 정도의 일당이라고 할 수 있다.

**18**

성경 읽기 전 체크리스트

# 비법

이는 하나님의 사람으로 온전하게 하며 모든 선한

일을 행할 능력을 갖추게 하려 함이라 ▶ 디모데후서 3:17,

개역개정

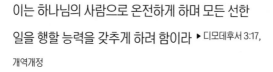

## 떠나기 전 준비물 체크리스트

· 여권과 신분증

· 여행자 보험 가입

· 세면도구와 스킨로션, 선크림

· 멀티탭, 멀티어댑터

· 해외여행 시 현지 화폐로 환전

· 두통, 설사, 종합 감기약 등의 비상약

이것은 무엇일까요?

바로 여행 준비물 체크리스트입니다. 여행을 떠나기 전에 필요한 물건들을 잘 챙겼는지 확인하는 리스트입니다. 이 리스트를 잘 체크할수록 더 풍성한 여행을 즐길 수 있겠죠.

성경을 읽기 전에도 말씀의 의미를 더 풍성하고 정확하게 알아 가기 위해 기본적으로 체크해야 할 리스트가 있습니다. 그것을 세 가지로 알아보겠습니다.

# 1. 하나님 말씀이
# 우리를 온전하게 한다는 것을 믿나요?

하나님이 우리에게 성경을 주신 이유를 다음과 같이 말씀합니다.

이는 하나님의 사람으로 온전하게 하며 모든 선한

일을 행할 능력을 갖추게 하려 함이라

▶ 디모데후서 3:17, 개역개정

우리로 하여금 온전한 사람이 되도록 성경을 주셨다고 말씀합니다. 여러분은 성경 인물 중에 '온전함'이라는 단어가 어울리는 사람이 있다면 누구를 꼽고 싶나요? 성경에서는 여러 번 다윗을 가리켜 온전하다고 말씀하고 있습니다. 다윗은 우리와 크게 다르지 않은 사람입니다. 그도 두려워했고, 분노했고, 죄를 범했습니다. 그저 연약한 사람에 불과했습니다. 다윗을 다윗 되게 했던 것은 끊임없이 하나님 말씀을 구하는 중심이었습니다. 말씀이 그를 온전하게 하였죠. 다윗을 좋아하는 이들은 많지만 그를 온전하게 한 말씀을 사랑하는 이는 갈수록 줄어드는 것 같습니다. 그 결과로 하나님 앞에서 온전함을 잃어가고 있는 건 아닌지 돌아볼 일입니다.

하나님 말씀은 우리를 온전하게 합니다. 그리고 모든 선한 일을 행할 에너지를 전해 줍니다. 성경을 읽을 때 스스로 점검해야 합니다. '말씀이 나를 온전하게 함을 진짜 믿는가?'

# 2. 전체적인 문맥을 생각하며 읽고 있나요?

전체적인 문맥을 고려해서 성경을 읽으면 큰 도움을 얻을 수 있습니다. 아래는 돌아온 탕자 이야기로 알려진 성경 구절의 시작 부분입니다.

| 문맥의 중요성<br>예시1 |
| --- |

**또 이르시되** 어떤 사람에게 두 아들이 있는데 그 둘째가 아버지에게 말하되 아버지여 재산 중에서 내게 돌아올 분깃을 내게 주소서 하는지라 아버지가 그 살림을 각각 나눠 주었더니
▶ 누가복음 15:11-12, 개역개정

이 비유에는 한 아버지와 두 아들이 등장하죠. 둘째 아들은 집을 떠나 재산을 탕진한 뒤 비참한 모습으로 돌아왔고, 아버지는 환영하며 받아 줍니다. 첫째 아들은 그 장면을 보고 불만 가득한 마음을 쏟아 낸다는 비유입니다. 보통은 이 이야기를 읽을 때 둘째 아들에게 초점을 맞춥니다. 둘째 아들이 방탕한 삶을 살다가 돌아온 것처럼 우리도 돌이켜 하나님께로 돌아가자고 말하는 것이죠. 물론 틀린 말은 아닙니다. 그러나 더 정확하게 읽기 위해서는 앞의 문맥을 살펴야 합니다.

이 이야기는 앞에서부터 연속되는(또 이르시되) 비유들 중의 하나입니다. 이것이 시작된 계기를 찾아서 거슬러 올라가 보면 누가복음 15장 초반에서 멈추게 됩니다.

**모든 세리와 죄인들**이 말씀을 들으러 가까이
나아오니 **바리새인과 서기관들**이 수군거려 이르되
이 사람이 죄인을 영접하고 음식을 같이 먹는다
하더라 ▶ 누가복음 15:1-2, 개역개정

예수님이 방탕한 죄인들과 함께 식사를 하는 상황입니다. 그 장면을 보고 종교인들이었던 바리새인과 서기관들이 투덜거립니다. "예수님이 죄인들을 환영하고 함께 식사까지 하다니 어찌된 일이란 말인가… 쯧쯧" 그들은 죄인들을 증오하며 피해 다녔습니다. 그래서 죄인들을 포용하시는 예수님이 이해되지 않았던 것이죠. 예수님은 첫째 아들과 같은 그들을 깨우치기 위해서 이 비유를 말씀하셨습니다. 비유 속의 집 나간 동생이 돌아와도 기뻐하지 않았던 형처럼, 죄인들이 하나님께로 돌아와도 기뻐하지 않았던 그들의 모습을 비춰 주신 것입니다.

또 한 가지를 더 살펴보겠습니다. 아래는 바울의 유명한 고백입니다.

**문맥의 중요성**
예시2

형제들아 내가 그리스도 예수 우리 주 안에서 가진 바 너희에 대한 나의 자랑을 두고 단언하노니 **나는 날마다 죽노라**

▶ 고린도전서 15:31, 개역개정

바울이 고백한 "나는 날마다 죽노라"라는 말씀만 따로 떼어 보면 '나는 날마다 욕심과 싸운다', '악한 자아와 매일 싸운다'는 의미로 받아들일 수 있습니다. 그러나 앞뒤 문맥을 보면 그런 의미가 아님을 알 수 있습니다.

내가 사람의 방법으로 에베소에서 맹수와 더불어 싸웠다면 내게 무슨 유익이 있으리요 ▶ 고전 15:32a,
개역개정

바울은 문자 그대로 날마다 죽을 수 있는 위험에 노출되어 있었습니다. 심지어 에베소라는 곳에서는 사나운 짐승들의 공격을 받기도 했습니다. 그러나 부활을 믿기에 담대하게 살아갈 수 있음을 말하고 있는 것입니다. '나는 날마다 죽는다'는 고백은 자신의 현재 상황을 묘사한 것입니다.

성경의 문맥을 이해하며 읽을 수 있는 꿀팁을 소개해 드리겠습니다.

## 성경의 처음 독자와 상황을 꼭 체크하기

각 성경은 처음부터 현대를 사는 우리에게 주신 책이 아닙니다. 성경 시대 당시 사람들을 대상으로 기록된 책입니다. 예를 들어 창세기는 광야 생활을 막 끝내고 가나안 땅에 들어가는 이스라엘 백성에게 주셨던 말씀입니다. 이들은 창세기를 처음 읽으며 자신들의 정체성을 확인했을 겁니다. 신약성경의 히브리서는 로마의 박해로 인해서 믿음이 흔들리는 성도들을 위해 주셨던 말씀입니다. 이들은 히브리서에 기록된 믿음에 관한 말씀을 읽으면서 핍박을 견뎌 냈을 겁니다. 이처럼 성경은 특정한 독자, 시대를 배경으로 기록되었습니다. 각 성경책 앞부분을 보면 성경의 처음 독자가 누구였고, 상황이 어떠했는지를 확인할 수 있습니다. 혹시 없다면 성경 관련 책이나 인터넷 검색을 통해서 꼭 확인해 보길 권합니다. 성경을 더 입체적으로 볼 수 있습니다.

## 다른 번역본 성경도 함께 읽어 보기

우리나라 말로 번역된 성경들 중에 여러 버전들이 있습니다. 개역개정판, 새번역, 쉬운성경, 우리말성경 등이 있죠. 일반적으로는 개역개정판 성경을 많이 읽습니다. 하지만 오래된 단어들이 있기에 종종 이해하기 어려울 때가 있습니다. 다른 번역본도 함께 참고해 보면 문맥을 이해하는 데 도움을 얻을 수 있습니다. 다른 번역본을 구매하기 힘들다면 인터넷이나 어플을 이용해 검색할 수 있습니다.

### 성경을 읽을 때 소제목을 전체적으로 둘러보기

어떤 성경을 읽기 전에 먼저 전체적인 숲을 보는 것이 좋습니다. 예를 들어 신약성경의 마태복음을 읽는다면 각 장들마다 적혀 있는 소제목을 처음부터 끝까지 훑어보는 겁니다. 문맥을 이해하는 데 도움을 얻을 수 있습니다.

# 3. 하나님의 마음으로 읽고 있나요?

성경은 일차적으로 우리의 이야기가 아니라 하나님의 이야기입니다. 하나님이 우리를 위해 어떤 일을 하셨고(과거), 하고 계시며(현재), 하실 것인지를(미래) 알려 주고 있습니다. 그래서 모든 성경 속에는 자녀들인 우리를 향한 하나님 아버지의 마음이 물씬 배어 있습니다. 사람들 중에는 성경 속에서 왜 그렇게 '돌아오라'는 말이 반복되는지를 이해할 수 없다고 말하는 이들이 있습니다. 또 '심판'에 관한 예언이 계속되는지 알 수 없다고 말합니다. 하지만 '하나님의 마음'을 생각하면서 들여다보면 이해할 수 있습니다. 사랑하는 자녀들이 멸망의 길에서 돌이켜 영원한 생명의 길로 돌아오기를 바라시는 것이죠. 그 애타고 눈물겨운 심정의 클라이맥스가 예수님을 통해서 드러나는 것입니다. 자신의 아들을 아끼지 아니하시고 모든 사람을 위하여 내주신 이가 바로 우리의 하나님이십니다. 그 마음으로 성경을 읽기 시작하면 성경이 조금 더 실제적이고 뭉클하게 다가올 것입니다.

주위에서 쉽게 찾아볼 수 있는 한글 번역 성경은 크게 다섯 가지입니다.

❶ **개역한글 성경**은 '성경전서 개역한글판'을 줄여서 쓰는 말입니다. 지난 한글 성경을 우리의 맞춤법에 맞게 번역한 것이 개역한글(1952) 성경입니다. 오래된 성경을 부분적으로 다시 번역을 한 것이라 어려운 단어나 한자가 많은 특징이 있습니다.

❷ **개역개정 성경**은 위의 개역한글 성경을 다시 고쳐서 번역한 성경(1998년)입니다. 오래된 한자 단어나 문법을 오늘날에 맞게 수정했고, 장애인의 인권을 고려해서 일부 오해될 만한 단어들을 고쳤습니다. 예를 들어 개역한글 성경에서는 '불구자', '벙어리'라고 표현했던 단어를 개역개정 성경에서는 '장애인', '말 못하는 사람'으로 고쳐 표현했습니다. 현대 대부분의 교회에서 공식적으로 사용하고 있는 성경입니다.

❸ **표준새번역 성경**은 성경의 원어인 히브리어, 헬라어 성경을 기초로 오늘날의 언어에 맞게 번역한 성경(1993)입니다. 외국인 선교사님들이 아닌 우리나라 목회자와 신학자들로만 구성되어 번역되었습니다. 이 성경을 다시 고쳐 번역한 것이 새번역 성경(2001)입니다.

❹ **쉬운성경**은 성경의 원어인 히브리어, 헬라어 성경을 오늘날의 언어에 맞게 아가페 출판사에서 번역한 성경(2001)입니다. 어린아이들도 쉽게 읽을 수 있다는 특징을 지닙니다.

❺ **우리말성경**은 성경의 원어를 기초로 우리나라 어법에 맞게 두란노 출판사에서 번역한 성경(2004)입니다. 특히 북한에서 사용되는 성경의 표현들을 잘 번역해 통일을 염두에 두고 준비한 성경입니다.

이처럼 성경은 원문성경을 바탕으로 시대의 흐름에 따라 끊임없이 번역되어 왔습니다. 그래서 가장 최근의 번역본들을 참고하면 성경을 조금 더 가깝게 느낄 수 있습니다. 그러나 역사가 긴 성경을 통해서 상대적으로 깊은 의미를 경험할 수 있습니다. 개인적으로는 개역개정 성경을 중심으로 다른 번역 성경을 참고하기를 추천해 드립니다. 서로 비교하며 읽어 보는 것도 흥미로운 일입니다.

**성경, 질문 있습니다!**

**01** 여행에서 준비물을 빠트려서 곤란했던 경험(또는 준비물을 잘 챙겨서 편안했던 경험)이 있다면 나눠 볼까요?

**02** 하나님 말씀은 우리가 걸어가는 길을 밝혀 주는 빛입니다. 인생의 어떤 상황에서도 하나님 말씀을 따라간다면 길을 잃지 않습니다. 단순하게 질문드리겠습니다. 하나님 말씀이 당신의 인생을 가장 완전한 길로 인도하실 것을 믿으시나요? (대답하지 않고 마음속으로만 생각해도 됩니다.)

> 주의 말씀은 내 발의 등불이요, 내 길의 빛입니다.
> — 시편 119:105

**03** 이 장에서 소개된 성경 읽기 체크리스트 중에 가장 공감 가는 내용은 무엇인가요? 그 이유를 함께 나눠 봅시다.

# 서로 질문

# 묵상

QT 레시피(비법)

내가 나의 침상에서 주를 기억하며 새벽에 주의

말씀을 작은 소리로 읊조릴 때에 하오리니 주는 나의

도움이 되셨음이라 내가 주의 날개 그늘에서 즐겁게

부르리이다 ▶ 시편 63:6-7, 개역개정

## 아시시의 성 프랜시스

주일학교에 다닐 때 한 선생님으로부터 들었던 일화입니다. 오래전 이탈리아의 아시시라는 동네에 성 프랜시스라는 분이 살고 있었습니다. (미국 샌프란시스코가 이분의 이름에서 유래

되었다고 하신 말씀도 기억나네요.) 어느 날은 이분이 동굴에 들어가 하루 종일 기도하고 있었습니다. 그 장면을 보고 있던 제자들은 호기심이 생겼습니다. '우리 스승님은 어떤 기도를 저렇게 온종일 하시는 걸까?' 궁금한 마음에 몰래 귀를 기울였습니다. 그 기도의 내용은 아주 단순했습니다. "하나님이 얼마나 크신 분이신지 깨닫기 원합니다. 그리고 제가 하나님 앞에서 얼마나 큰 죄인인지를 깨닫기 원합니다."

이 이야기는 주일학교 선생님의 다음과 같은 말로 마무리되었습니다.

> 하나님이 얼마나 크신 분인가를 깨달으면
> 내가 얼마나 연약한지를 알게 되고,
> 내가 얼마나 연약한 존재인가를 알게 되면
> 하나님이 얼마나 크신 분인지를 깨닫게 될 거야.

## 하나님의 크심을 경험하는 시간

우리가 QT(Quiet Time)를 통해 누릴 수 있는 유익이 있습니다. 바로 하나님의 크심을 알고 나의 연약함을 알게 된다는 것입니다. 가끔 사람들 중에는 QT에 대해 부정적으로 말하는 이들이 있습니다. '매일 지겹게 어떻게 해요?', '안 해도 사는 데 지장 없지 않나요?' 마치 교회에서 내주는 숙제처럼 여깁니다.

하지만 가볍게 넘기기에는 너무나 아까운 시간입니다. 믿음이 깊어지도록 돕는 것에 최고로 높은 가성비를 자랑하기 때문입니다.

# 다윗의 큐티 레시피(비법)

큐티를 잘하기 위해서는 먼저 그 의미를 아는 것이 중요합니다. 다윗의 고백을 볼까요.

> 내가 나의 **침상에서** 주를 기억하며 **새벽에 주의**
> 말씀을 작은 소리로 **읊조릴 때에** ▸ 시편 63:6, 개역개정

'읊조리다'는 아주 생소한 말입니다. 하지만 가끔은 어려운 단어 속에서 깊은 의미를 발견하기도 합니다. 국어사전에서는 이 말을 다음과 같이 설명합니다. '뜻을 음미하면서 낮은 목소리로 읊다' 다윗은 하나님 말씀을 읊조렸습니다. 다른 말로 성경의 뜻을 마음에 새기며 하나님과 인격적인 만남을 가졌습니다. 이 시간이 바로 큐티입니다.

**큐티 is** #읊조림 #하나님의 뜻 #마음 새김 #인격적인 만남

# 일상의 노이즈 캔슬링이 필요하다

다윗의 고백 속에서 큐티를 위한 꿀팁을 얻을 수 있습니다. 다윗은 침대(개인적인 공간)에서, 새벽(조용한 시간)에 하나님과의 만남을 가졌습니다. 큐티를 위해서는 방해받지 않는 장소와 시간을 찾아야 합니다. 큐티라는 말 자체가 Quiet Time(조용한 시간)의 앞 글자를 딴 것이기 때문입니다. 사람마다 장소가 다를 겁니다. 개인 방이 될 수 있고, 백색소음이 있는 카페, 화장실이 될 수도 있습니다. 시간 또한 다 다릅니다. 정답은 없습니다. 핵심은 하루의 일상에서 따로 떼어 낸 장소와 시간입니다. 마치 사랑하는 사람을 만나기 위해서 장소를 찾고 시간을 비워 놓는 것처럼 말입니다.

큐티는 영국의 어느 대학생들로부터 시작된 것으로 알려져 있습니다. 이들은 매주일 교회에 나가 예배를 드리는 크리스천이었습니다. 그럼에도 불구하고 평일은 크리스천이 아닌 사람들과 별반 다르지 않는 모습으로 살고 있는 자신을 발견하게 됩니다. 이들은 그리스도인으로서 세상과 다른 삶을 살기 위해 결단했습니다. 그리고 말씀을 묵상하기 위한 장소와 시간을 일상에서 따로 떼어 내는 일부터 시작하였습니다. 핵심은 일상의 소음을 멈추고 말씀에만 귀를 열기 위해 나의 것을 구별하는 것입니다.

# 슬기로운 큐티 타임라인

풍성한 묵상을 위해서 과정을 순서대로 알아보겠습니다. 다음은 큐티의 타임라인입니다.

# 뜻을 내려놓고 뜻을 구하기

큐티는 기도로부터 시작합니다. 꼭 빼놓지 말아야 할 중요한 기도가 있습니다. 예수님처럼 자신의 뜻을 내려놓고 하나님의 뜻을 구하는 것입니다. 큐티를 할 때 욕심이나 불안 같은 마음이 있다면 솔직하게 고백하고 내려놓도록 구해야 합니다. 하나님의 뜻을 깨달을 수 있도록 도우심을 구해야 합니다. 나의 뜻을 내려놓고 하나님 뜻을 구하는 것입니다.

> **기도하기**의 예시
>
> 하나님, 지금 제 안에는 ○○○ 같은 마음이 있습니다.
> 나의 뜻을 내려놓고 오직 하나님의 뜻을 품는 시간 되길 원합니다.
> 나를 향한 하나님의 뜻과 마음을 깨달을 수 있도록 도와주세요.
> 예수님의 이름으로 기도합니다. 아멘.

# 하나님께 받은 편지처럼 읽기

큐티 본문을 대할 때 막 도착한 편지를 읽는다고 생각하면 좋습니다. 보통 편지를 받으면 어떤가요? 어떤 내용일까를 기대하거나 궁금한 마음으로 펍니다. 전체적인 분위기를 느끼며 읽죠. 혹시 놓친 부분이 있는지를 생각하며 다시 읽습니다. 중간 중간 나오는 문장이나 단어에 잠시 멈춰서 생각합니다. '이건 무슨 뜻일까?', '무슨 의도일까?' 처음부터 다시 한 번 읽고 결론을 내립니다. '아 이 편지를 이런 목적(축하, 응원, 고백 등)으로 썼구나!'

본문을 읽을 때도 마찬가지입니다. ①'오늘 주실 말씀이 무엇일까?' 기대와 궁금증을 가지고 펴기 ②본문을 세 번 이상 반복해서 읽기(소리 내어 읽으면 더 좋습니다). 내용이 어렵다면 해설을 읽고 다시 본문 읽기 ③눈에 띄는 문장과 단어에 줄치기 ④'무슨 뜻일까' 질문하며 읽기 ⑤다시 전체적으로 읽으며 '어떤 목적으로 주셨을까?' 생각하며 읽기

# 하나님께 답장하듯 묵상하기

본문 읽기는 편지 읽기와 비슷하다면, 묵상은 답장을 쓰는 것과 비슷합니다. 이때 상대방의 목적에 반응하는 일이 중요합니다. 축하나 응원 편지에는 감사로, 협박 편지에는 112 신고로, 고백 편지에는 고민으로 응답하는 것이죠. 만약에 응원 편

지는 112 신고로, 협박편지에는 감사로 응답한다면 어떻게 될까요? 상상은 여러분께 맡기겠습니다.

묵상은 목적이 분명할수록 좋습니다. 고미숙 작가는 "쓰기 위해 읽으라"라는 유명한 말을 남겼습니다. 글을 읽는 데서 그치지 말고 목적을 가지고 대해야 한다는 것이죠. 이를 빗대어 "순종하기 위해서 묵상하라"라고 말하고 싶습니다. ①하나님은 어떤 분이신지 ②본문에서 등장하는 인물과 사건이 지금의 나에게 무엇을 말하는지 ③나는 무엇을 순종해야 하는지를 답하며 여백에 써 내려가는 시간입니다.

# 담기 위해 적용하기

명상의 목적은 비우는 데 있다면 묵상은 담는 데 있습니다. 오늘의 일상을 하나님 말씀으로 채우는 것이죠. 이를 위해서 적용이 필요합니다. 자전거 타는 법을 아는 것과 실제로 타는 것은 다릅니다. 실제로 핸들을 잡고 페달을 밟아 봐야 합니다.

적용은 동기가 분명할수록 좋습니다. 큐티의 정답을 찾기 위함이거나 다른 사람에게 인정받기 위해서가 아닌 오직 하나님을 기쁘시게 해드리기 위한 동기로 적용점을 찾고 실천해야 합니다. 적용의 방법은 전통적으로 세 가지가 있습니다. ①개인적으로(Personal) ②구체적으로(Practical) ③가능한 것으로 (Possible) 각각 앞 글자만 따서 3P라고도 부릅니다.

| 적용의 나쁜 예시 | 적용의 좋은 예시 |
| --- | --- |
| ·오늘 말씀을 보니 그 사람이 잘못한 게 확실해진다. 그 사람이 읽어야 한다. (타인 적용) | ·오늘 말씀을 보면서 나의 언어습관을 돌아보게 된다. 이렇게 바꿔 보면 어떨까? (자신 적용) |
| ·예수님처럼 나도 사람들을 사랑해야지. (추상적) | ·힘들어하는 그 친구에게 작은 선물과 함께 위로의 말을 건네야겠다. (구체적) |
| ·온 세상 사람들에게 복음을 전해야지. (불가능) | ·○○이에게 복음을 전해야지. (가능) |
| ·나에게 좋은 일만 가득할 것이다. (나 중심) | ·어려움이 닥쳐도 주의 뜻을 구하자. (하나님 중심) |
| ·오늘 큐티의 결론은 이것이다. (정답 찾기) | ·나의 적용이 실패해도 포기하지 말자.(인내) |

위의 3P 외에도 한 가지를 더 추가하고 싶습니다. 바로 마음에 두는 것(Put)입니다. 그날의 구체적인 적용점을 찾지 못했다면 강박적으로 찾기보다 묵상 내용을 종일 마음에 담아 두는 것도 적용이 될 수 있습니다.

# 배려로 나누기

슬픔은 나눌수록 반이 되고 큐티는 나눌수록 더 배가 됩니다. 매일 또는 일주일에 한 번 함께 믿음 여행을 하는 사람들과 나눠 보기를 권합니다. 큐티를 더 의미 있고 지속 가능하도록 할 수 있기 때문입니다. 나눔에는 세 가지가 필요합니다. ①정직하게 나누기(가식적으로 하지 않기) ②상대를 배려하기(나를 자랑하거나 나의 말만 하지 않기) ③기도하기(상대의 나눔을 평가하거나 이야깃거리로 삼지 않고 기도 제목으로 삼기)

꼭 큐티책으로 큐티해야 할 필요는 없습니다. 매일 꾸준히 성경을 읽으면서 위의 방법을 따라 묵상한다면 별도의 책을 구할 필요가 없습니다. 그러나 큐티책으로 묵상하면 여러 장점들이 있습니다.

· 큐티를 지속할 수 있도록 돕습니다. 큐티책에서는 성경을 순서대로, 적당한 양만큼 묵상하도록 구성되어 있습니다. 묵상 분량의 편차도 적어서 꾸준하게 지속할 수 있게 합니다.

· 장기적으로 성경 전체를 묵상하도록 돕습니다. 보통 큐티책은 몇 년 동안 성경 전체를 묵상할 수 있도록 구성되어 있습니다.

· 큐티 본문 해설과 나눔의 유익을 누릴 수 있습니다. 해설을 통해 성경을 더 정확하게 묵상할 수 있습니다. 같은 큐티책을 지니고 있는 분들과 묵상 내용을 나눌 수 있는 장점도 있습니다.

큐티책을 구매하는 것은 값을 치르는 비용보다 훨씬 더 높은 가성비를 자랑합니다. 주위 사람들이나 교회 전체에서 정한 큐티책으로 묵상을 지속적으로, 장기적으로 해보시길 권해 드립니다.

**성경, 질문 있습니다!**

**01** 큐티를 해본 경험이 있나요? 큐티를 통해 얻었던 유익이 있다면 무엇인가요?

**02** 성경에서는 복 있는 사람은 하나님 말씀을 묵상하는 자라고 말씀합니다. 큐티를 꾸준하게 이어 간다면 내 삶의 어떤 점이 달라질 것으로 기대되나요?

> 오직 여호와의 율법을 즐거워하고 그 율법을 밤낮으로 깊이 생각하는 자로다.  — 시편 1:2

**03** 이 장에서 소개된 큐티 레시피(비법) 중에 가장 힘든 부분이 무엇인가요? 그 이유를 함께 나눠 봅시다.

# 서로 질문

## IN BODY 몸으로 성경 읽기

# 더비법

믿음의 주요 또 온전하게 하시는 이인 예수를

바라보자 ▶ 히브리서 12:2a, 개역개정

## In Body

To. 나의 조카, 악마 웜우드

잊지 말거라. 그들은 육체가 하는 일들이

반드시 영혼에 영향을 주게 되어 있다는 것을

항상 잊고 산다.

**From. 너의 삼촌, 악마 스크루테이프**

C. S. 루이스가 쓴 《스크루테이프의 편지》에 나오는 내용입니다. 이 책은 악마인 삼촌 스크루테이프가 (역시나) 악마인 웜우드에게 편지를 보내는 것으로 구성되어 있습니다. 어떻게 하면 그리스도인들에게 예수님을 향한 믿음을 잃게 만들 수 있는지에 대한 비법을 전수하는 것이죠. 이 말을 다음과 같이 표현할 수 있을 겁니다.

> 잊지 말거라. 그리스도인들에게 믿음을 빼앗기 위해서는
> 몸으로 하는 일들이 반드시
> 영혼에 영향을 주게 되어 있다는 것을
> 항상 잊게 만들어야 한다.

## 몸에 새겨지는 믿음

가끔 듣는 질문이 있습니다. '어떻게 하면 믿음이 생겨요?' 저의 대답은 항상 같습니다. '어떤 일이 있어도 예배의 자리를 지키십시오' 이 답변에 대화가 계속 이어지기도 합니다.

> 질문자: 저는 믿음이 없는데 예배의 자리를 지키라니요.
> 나: 믿음을 가진 사람이 예배를 드리는 것도 맞지만, 예배를 드리는 자리에서 믿음이 생기니까요. 성경에서 "믿음은 예수님의 말씀을 듣는 것에서 생긴다" ▶ 로마서 10:17 라고 말씀합니다.

우리가 머리로 알고 있는 믿음은 손과 발(몸)을 거쳐서 가슴까지 전달됩니다. 믿음과 몸은 떼려야 뗄 수 없는 관계라는 것이죠. 물론 일차적으로 믿음은 성령 하나님께서 주시는 것입니다(이 부분은 《교리를 지켜줘》에서 자세히 다룰게요). 다음으로는 우리의 몸을 어디에 두는가가 믿음에 절대적인 영향을 끼칩니다.

## Where are you?

성경에서 가장 힘이 센 사람을 꼽는다면 삼손을 들 수 있을 겁니다. 이 성경 인물은 교회를 다니는 사람만이 아니라 그렇지 않은 분들에게도 알려져 있습니다. 마치 히어로 영화 중에 헐크를 연상시키는 사람이죠. 맨손으로 사자를 상대하기도 하고, 나귀의 턱뼈로 많은 적수를 물리치기도 했습니다. 그러나 그는 너무나 안타깝게도 원수들에게 붙잡혀 두 눈이 뽑히고 비참한 최후를 맞이했습니다. 들릴라라는 여인의 꾐에 넘어가 하나님 말씀(머리카락을 자르지 마라)에 불순종했기 때문입니다.

삼손 이야기를 통해 우리의 믿음은 몸을 어디에 두는가에 따라 엄청난 영향을 받는다는 교훈을 얻습니다. 만약 그가 결정적인 순간에 몸을 욕망이 아닌 말씀을 듣는 자리에 뒀다면 이야기의 결말은 달랐을 것입니다. 그러나 그렇게 하지 않습니다.

영화 《삼손》(2018)에서 흥미로운 장면을 볼 수 있습니다. 누군가 삼손을 찾고 있었습니다. 혹시나 하는 마음에 여성들이 많이 모여 있는 우물가로 가 봅니다. 역시나 삼손은 그곳에 있었습니다. 이성들을 염탐하고 있었던 것이죠. 삼손을 찾은 사람이 말했습니다. "여기 있을 줄 알았어!" 이 장면을 보면서 스스로에게 이렇게 질문했습니다. '나는 지금 어디에 몸을 두는가?'

# Just Like Jesus 예수님처럼

예수님은 바로 전날까지도 세계 최고 연예인급의 스케줄을 소화하셨습니다. 다음 날 새벽, 아직 어둑어둑할 때 일어나셔서 조용한 곳을 찾아 기도하셨습니다. 말씀 그 자체이신 분이 말씀 앞에 나가셨습니다. 하나님도 그러셨다면 우리는 어떨까요?

> 믿음의 주요 또 온전하게 하시는 이인 예수를
>
> 바라보자 ▸ 히브리서 12:2a, 개역개정

지금까지 우리는 성경에 대해서 알아봤습니다. '왜 성경을 찾아야 하는지'에서 출발해서 '어떻게 성경을 찾아야 할지'에까지 도착했습니다. 성경을 읽을 수 있는 최고의 방법은 예수님께 배울 수 있습니다. 그것을 세 가지로 알아볼게요.

# ❶ 포기하지 말고 성경 앞에 몸을 두기

예수님은 무엇보다 하나님의 뜻을 우선하셨습니다. 심지어 십자가 고난을 앞두고 마음이 흔들리셨을 때도 결국 하나님의 뜻에 몸을 두셨습니다. 누군가 성경 읽기를 다이어트에 비유했습니다. 작심삼일이라는 것이죠. 하지만 다이어트를 성공한 사람들은 이구동성으로 말합니다. 하면 할수록 할 만해진다는 것입니다. 처음 얼마간은 힘들어서 포기하고 싶지만 고비를 넘기고 버티면 보람도 생기고 지속할 수 있는 힘도 생긴다고 말합니다. 성경 읽기도 마찬가지입니다. 포기하고 싶을 때가 찾아옵니다. 별다른 의미를 느끼지 못하거나 바쁜 일이 생기기도 합니다. 이해가 안 되기도 하고 지루하게 느껴지기도 합니다. 그것은 성경 읽기를 멈추라는 신호가 아니라 계속 직진하라는 신호입니다. 포기하지 않고 성경 읽기에 몸을 두면 보이지 않던 것들이 보이고, 흥미가 생기게 되어 있습니다.

# ❷ 성경을 읽기 위해 버릴 것을 찾기

예수님은 하나님의 뜻에 집중하셨습니다. 집중은 곧 불필요한 것들을 버린다는 뜻이기도 합니다. 광야에서 마귀의 시험을 물리치신 것도, 사람들의 인기를 멀리하신 것도 하나님의 뜻에 집중하셨기 때문입니다. 무언가에 집중하기 위해서는 무언가를 버려야 합니다. 하고 싶은 모든 것들을 하면서 삶의 중

5부 성경을 어떻게 잘 읽을 수 있을까?

요한 일에 집중하기는 힘듭니다. 그래서 중요한 일에 집중해야 하는 사람일수록 To Do List(해야 할 목록)를 작성할 뿐만 아니라 Not To Do List(하지 말아야 할 목록)를 작성한다고 합니다. 우리 삶에는 성경을 읽을 수 있는 시간을 허비하게 만드는 일로 가득합니다. 자기 전이나 깨고 나서 스마트폰 보는 시간, 게임이나 영상 보는 시간, 잡담하는 시간, 멍하게 있는 시간 등을 조금만 버리면 성경에 더욱 집중할 수 있습니다. 성경 읽기는 구체적인 무언가를 버리면서 가능해집니다.

# ❸ 성경 말씀을 암송하기

예수님은 모든 상황에서 말씀을 사용하셨습니다. 누군가가 함정에 빠트리려 할 때도, 유혹 앞에서도 말씀을 선포하며 하나님 뜻을 이루셨습니다. 우리 삶에도 모든 순간에 말씀으로 승리할 수 있는 방법이 있습니다. 말씀을 암송하는 것입니다. 설교를 듣거나 성경을 읽을 때 마음에 와닿는 성경 구절을 외워보기를 권합니다. 개인적으로도 많은 유익을 누리는 부분입니다. 고난을 겪거나 두려운 일이 닥쳤을 때 어느 성경구절이 마음을 감싸면서 이겨 낼 힘을 전해 줍니다. 바로 평상시에 암기했던 성경구절입니다. 초반부터 너무 부담을 느끼지 않아도 됩니다. 할 수 있는 만큼 천천히 한 구절씩 암기해 보세요. 암송은 우리를 배신하지 않습니다.

성경 읽기에 큰 부담을 느끼지 않았으면 좋겠습니다. 하나님은 우리에게 짐을 지우시기 위해서가 아니라, 힘을 주시고 자유하게 하시기 위해서 성경을 주셨습니다. 속박하시기 위함이 아닙니다.

성경 읽기가 지루하고 힘들다고 자책하거나 죄의식을 느끼지 않았으면 좋겠습니다. 어찌 보면 지루하고 힘든 건 당연한 일인지도 모릅니다. 성경은 가벼운 유머집이 아니기 때문입니다. 수천 년 전에 기록된 글을 현대인인 우리가 읽는다는 것도 쉬운 일은 아닐 것입니다.

하지만 신기합니다. 예전에는 성경을 읽다가 지루하고 힘들었던 부분이 시간이 지나서 다시 읽으면 재미있고 이해되기도 합니다. 그간 성경과 가까워졌기 때문입니다. 설교 시간이나 성경 공부를 통해 지식도 쌓이고, 이해력이 상승했기 때문입니다.

그래서 포기하지 않는 것이 중요합니다. 시간이 부담될 때는 하루에 한 절만 읽어도 됩니다. 다만 아예 놓아 버리지는 말아야 합니다. 삶에도 체력이 필요하듯 성경 읽기에도 체력이 필요합니다. 이 체력은 포기하지 않을 때 유지될 수 있습니다. 성경을 지속적으로 읽는 데 도움을 얻을 수 있는 도구를 소개해 드립니다.

· 맥체인 성경 읽기: 매일 성경을 네 장씩 읽도록 구성되어 있습니다. 1년에 구약성경을 한 번, 신약성경과 시편은 두 번 읽을 수 있습니다. 장점은 매일 구약-신약을 균형적으로 읽을 수 있고 예수님을 중심으로 읽을 수 있습니다. 읽기 표는 기독교 서점이나 어플을 통해 확인할 수 있습니다.

· 공동체 성경 읽기: 매일 성경을 듣고 읽을 수 있도록 구성되어 있습니다. 오디오 드라마 바이블이라고 해서 성경을 실감나게 들으면서 읽을 수 있습니다. 장점은 하나님과 나, 그리고 부르심에 대해서 중심적으로 알게 합니다. 인터넷이나 어플을 통해 참여할 수 있습니다.

# 성경, 질문 있습니다!

**01** 몸에 새겨진 습관 때문에 유익을 얻었던(혹은 곤란했던) 일이 있다면 나눠 봅시다.

**02** 성경은 예수님을 바라보자고 말씀합니다. 예수님을 생각할 때 가장 닮고 싶은 점은 무엇인가요?

> 믿음의 주요 또 온전하게 하시는 이인 예수를 바라보자
> ― 히브리서 12:2a, 개역개정

**03** 스스로에게, 그리고 서로에게 이렇게 인사하겠습니다.

하나님께서 말씀으로 나(우리)를 먼저 찾아오셨습니다.
우리도 말씀으로 하나님께 나아갑시다.

# 서로 질문

# 참고도서

· 찰스 스코비 지음, 강대훈 옮김, 《성경 신학》(부흥과개혁사, 2017)

· 존 스토트 지음, 전의우 옮김, 《성경 연구 입문》(성서유니온, 2017)

· 어윈 루처 지음, 임종원 옮김, 《성경을 믿어야 하는 일곱 가지 이유》
  (프리셉트, 2011)

· 김은수 지음, 《비교종교학 개론》(대한기독교서회, 2018)

· 콜린 스미스 지음, 김재영 옮김, 《손에 잡히는 성경 이야기
  신·구약》(국제제자훈련원, 2018)

· 크레이그 바르톨로뮤·마이클 고힌 지음, 김명희 옮김, 《성경은
  드라마다》(IVP, 2009)

· 폴 바스덴·짐 존슨 지음, 정효진 옮김, 《이야기는 힘이 세다》
  (성서유니온, 2023)

· 이문범 지음, 《역사 지리로 보는 성경 신·구약》(두란노, 2017)

· 김예환 지음, 《성경 스펙트럼》(오르도스북스, 2023)

· 로버트 제프리스 지음, 조계광 옮김, 《천국, 그 모든 것》
  (생명의말씀사, 2020)

· 이지웅 지음, 《말씀을 읽다》(예수전도단, 2014)

· 팀 챌리스·조시 바이어스 지음, 이지혜 옮김, 《한눈으로 보는
  비주얼 성경 읽기》(생명의말씀사, 2020)

믿음 첫 단추 ②

# 다시 성경을 찾아줘

Reading the Bible Again: Basics of the Faith

<u>지은이</u> 정석원
<u>펴낸곳</u> 주식회사 홍성사
<u>펴낸이</u> 정애주
국효숙 김의연 박혜란 손상범
송민규 오민택 임영주 차길환

2024. 8. 5. 초판 1쇄 인쇄   2024. 8. 20. 초판 1쇄 발행

<u>등록번호</u> 제1-499호 1977. 8. 1.
<u>주소</u> (04084) 서울시 마포구 양화진4길 3   <u>전화</u> 02) 333-5161   <u>팩스</u> 02) 333-5165
<u>홈페이지</u> hongsungsa.com   <u>이메일</u> hsbooks@hongsungsa.com
<u>페이스북</u> facebook.com/hongsungsa
<u>양화진책방</u> 02) 333-5161

• 잘못된 책은 바꿔 드립니다.   • 책값은 뒤표지에 있습니다.

ISBN 978-89-365-1583-6 (04230)
ISBN 978-89-365-0563-9 (세트)